张瀚之　张译升　著

直播带货

口才训练
＋成交技巧
＋高效沟通

化学工业出版社

·北京·

内 容 简 介

好口才是电商主播要掌握的基本技能，好口才和话术也是主播能力、智慧和情商的综合体现，已经成为一个带货主播立足的重要条件。直播带货从会说话开始。

本书共分为9章，第1章综合阐述好口才对直播带货的重要性；第2章介绍了直播间推销产品的阶段性安排、训练重点、训练步骤，以及如何撰写直播策划案；第3～8章分别从直播开场、商品推介、中场互动、活动促销、异议化解、直播收尾6个阶段，详细介绍了直播活动中每个阶段的话术技巧和注意事项，全方位分析了"带货王"高超的表达沟通能力、高情商的说话技巧和销售技巧；第9章分享了直播带货话术的实操案例和实战技巧，介绍了服装、美妆、小型家电和轻奢品等品类产品直播带货的话术推销技巧、要点、注意事项和误区，更具针对性和实战性。

本书是专门为刚从事直播行业的主播以及从事过各类行业直播带货的主播想进一步提升自己的话术水平和沟通技巧等业务能力所打造的实战用书，也可供各种从事新媒体营销和运营及关心、关注直播行业的人员阅读。

图书在版编目（CIP）数据

直播带货：口才训练＋成交技巧＋高效沟通 / 张瀚之，张译升著. — 北京：化学工业出版社，2022.2

ISBN 978-7-122-40368-1

Ⅰ. ①直… Ⅱ. ①张… ②张… Ⅲ. ①网络营销 Ⅳ. ①F713.365.2

中国版本图书馆 CIP 数据核字（2021）第 246484 号

责任编辑：卢萌萌　　　　　　　　　　　加工编辑：李　曦
责任校对：杜杏然　　　　　　　　　　　装帧设计：水长流文化

出版发行：化学工业出版社（北京市东城区青年湖南街 13 号　邮政编码 100011）
印　　装：北京新华印刷有限公司
880mm×1230mm　1/32　印张 7¾　字数 165 千字　2022 年 10 月北京第 1 版第 1 次印刷

购书咨询：010-64518888　　　　　　　　售后服务：010-64518899
网　　址：http://www.cip.com.cn
凡购买本书，如有缺损质量问题，本社销售中心负责调换。

定　　价：49.00 元　　　　　　　　　　　　　版权所有　违者必究

随着短视频直播越来越受欢迎，从事主播的人日益增多，各行各业的人都加入直播带货这一领域。但大多数人不是网红，不是头部主播，无法得到平台的流量支持。作为普通主播要想带好货，还必须掌握必要的说话技巧：话术。

想要在直播间卖出东西，光靠直播间里的产品肯定不行，毕竟产品再好，没有主播去讲解卖点、没有观众来烘托气氛，也很难将一款产品卖爆。

然而，对于刚接触直播带货的新人来讲，都会遇到"说话"的问题。比如：要么对着镜头无话可说，要么语无伦次，逻辑混乱；直播时不知道怎么调动直播间氛围；不知道怎么留住进入直播间的粉丝；不知道如何把自己的商品推销出去，提升直播间转化率。

如果你存在以上这些问题，建议花时间先做好口才训练工作，了解一下直播间有哪些常用话术，以及不同直播的话术模板。

出色的口才可以为直播间打开局面，很好地吸引粉丝，调动直播间气氛；反之，没有好口才，沟通就会出现障碍，很难更好地推销商品。很多话术可以一键套用，这对主播做好直播非常重要。好口才是带货主播的必备技能，掌握话术也是主播的能力、智慧和情商的综合体现，已经成为一个主播立足的重要条件。

本书共分为9章。第1章综合阐述好口才对直播带货的重要性；第2章介绍了直播间话术的阶段性安排，训练重点、训练步骤，以及如何打底稿（策划案）；第3~8章分别从直播开场、商品推介、中场互动、活动促销、异议化解、直播收尾6个阶段详细介绍了直播活动中每个阶段的话术技巧与注意事项，全方位分析了"带货王"高超的表达沟通能力和高情商的说话技巧；第9章为不同品类产品话术要点的归纳和总结，更具有针对性和实战性。

本书有3大特色：

简单实用： 是一本直播口才训练的书籍，目的是让直播带货新人掌握更多的口才表达技能，实现与粉丝的良好沟通，有效推销商品。

通俗易懂： 语言简洁明了，图文并茂，十分有利于读者阅读，便于用最短的时间学习书中内容。

注重实战： 没有死板的理论推导，只有具体方法、步骤和技巧，同时结合大量实例，可以说做到了紧贴实战。

限于笔者所掌握的知识、经验、资料等的不足，加之时间仓促，书中难免有不足及疏漏之处，部分问题的处理可能也不是最佳方法，还请广大读者见谅并提出宝贵的意见和建议。

目录

第 3 章

直播开场话术：张口不落俗套，一句话吸引粉丝

第 4 章

商品推介话术：突出商品卖点，让粉丝欲罢不能

第 5 章

中场互动话术：抓住需求痛点，说出最直击人心的话

第 6 章

活动促销话术：句句说到粉丝心坎儿上，最终达成交易

第 7 章

异议化解话术：找到分歧点，消除粉丝的异议

第1章

直播带货从会说话开始，没有好口才哪来订单？

直播带货从会说话开始，主播的口才决定着直播的走向，没有口才就留不住粉丝，没有口才就没有订单。因此，对于带货主播而言，口才是一项至关重要的能力，主播是一个"靠嘴行天下"的职业，优秀的主播都有出众的口才。

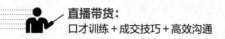

1.1 不会聊天是带货主播的大忌

直播带货是一种新型的电商方式，主播通过对商品的解说和介绍，让粉丝在短时间内快速了解、喜欢上商品，并产生强烈的购买欲望。在这一过程中，聊天是精髓，这就要求主播能聊天，会聊天，懂聊天技巧。

聊天是主播需要掌握的主要技能，一个主播可以没有颜值，没有才艺，但不能不会聊天。会聊天的主播更容易得到粉丝的青睐，更容易将商品推销出去。纵观目前各大平台上的主播，很多主播不会聊天，这几乎成了一个通病，尤其是一些新手都是栽在不会聊天上。

那么，主播应该如何做才能脱离不会聊天的窘境呢？那就是提升说话技巧。在技巧的掌握上，可以尝试着用如图1-1所示的4个技巧去做。

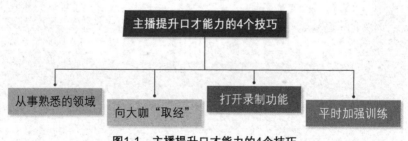

图1-1　主播提升口才能力的4个技巧

（1）从事熟悉的领域

从事自己熟悉的领域更有利于口才的发挥，有的人表达能力差，与对所处行业、所售卖的商品不熟悉有很大关系。

经验是口语表达的一个主要条件，口才好的人必定是日常积累了大量的相关经验。尽管做主播需要临场发挥，但这也是一个厚积薄发的过程，而对于自己不熟悉的领域是谈不上经验积累的。所以，对主播而言，要做熟不做生，尽量从事自己熟悉的领域。尤其是对于尚在起步阶段的新手主播而言，这点很重要，从自己熟悉的行业开始做起，要经历一个先易后难的过程。

🔊 案例1

何同学是B站上一位数码区视频UP主，在同领域是知名主播，几乎每条视频都能上热搜。在网红不断的时代，一夜爆火从来都不稀奇，但能让每条视频都引发热议的才是真正的顶流。何同学的成功绝不是被流量眷顾的偶然，而是遵循了一个规律：永远在做自己熟悉的内容。他是一个爱好数码的发烧友，所以他的视频都充满着科技感和未来感，比如，5G测速、解读式数码内容、对话苹果CEO等。

（2）向大咖"取经"

向他人学习，是提升口语表达能力最有效的一个方法。例如，小孩子学说话，完全就是学习爸爸妈妈或周围的人，包括语音语调、说话风格等。这说明语言有极大的模仿性，通过学习和模仿，语言能力是能得到提升的。

学习优秀的人，模仿优秀的人，能改变自己。一个好的主播不能闭门造车，要知道山外有山，人外有人，必须多看，多学习，向平台上的人气主播、大主播"取经"，看看人家是怎么表达的。

需要注意的是，不能盲目地学，要掌握一定的方法，只有这样才能收到显著的效果。通常是按照图1-2所示的顺序进行的。

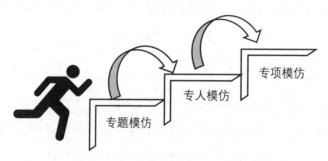

图1-2　模仿优秀主播口才的顺序

（3）打开录制功能

主播在直播时一定要打开录制功能，这样做的目的是在直播结束后可以马上查看直播的状况。一方面看看哪些地方做得好，总结经验；另一方面及时发现不足，及时改进，看看哪句话说得不合适，换一种说法是不是更好。

（4）平时加强训练

口才是可以训练出来的，语速、语调甚至语音，通过刻意的训练都可以得到完善。比如，用腹部呼吸会使声音更加浑厚有力，或者使声音更加有磁性（关于口才的训练将在第2章重点讲解）。

1.2 好口才——优秀主播的生存必备技能

优秀的主播口齿伶俐，思维活跃，逻辑清晰，金句频出，幽默诙谐，一开口就能激发粉丝的兴趣，吸引粉丝的关注。而且随着直播的持续，其状态会越来越好，常常会超水平发挥，让直播间的气氛始终保持活跃。

一个主播会说话，懂得说话之道，不仅能调节直播间的气氛、向粉丝传递有价值的信息，还能表现出自己的专业性、职业性及综合素养。主播拥有好口才的作用如图1-3所示。

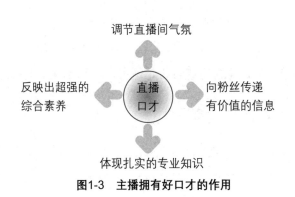

图1-3　主播拥有好口才的作用

（1）调节直播间气氛

很多新手主播的直播间冷冷清清，原因就在于其不懂说话之道，良好的口才可以调节直播间气氛。

🔊 **案例2**

有的新手主播在直播时只顾自己说，根本不给粉丝互动的空间，后果就是说得越多，粉丝越难听进去；而有的主播与粉丝是有互动，但互动方式不对，也会导致尬场。

有的优秀主播会这样说：

"刚刚给大家分享的小技巧，学会了吗？"

"这款口红大家以前用过吗？"

"觉得主播跳得好看/唱得好听的给个赞，好吗？"

类似的互动很容易调动粉丝的参与热情，原因在于这类问题是粉丝比较关心的。主播提出问题后，粉丝势必会做出回应，而且答案比较简单，只需说肯定或者否定即可，有利于互动形成。

（2）向粉丝传递有价值的信息

对主播来讲，之所以要有良好的口才，最直接的目的就是实现与粉丝的有效沟通。有效就是指所传递的信息要有价值，因为当粉丝感到所接收到的信息没有价值或价值不大时，就有可能离开。

设想一下，粉丝进直播间是有心理预期的，或了解商品，或获取其他有用信息，或单纯地交流，这就要求主播所说的每一句话都能向粉丝传递有价值的信息。关于这一点，很多主播，尤其是新手主播很难做到。这也是一些直播间开场有很多粉丝，到最后只剩几个粉丝的原因，即他们无法从与主播的交流中获取自己想要的信息。

（3）体现扎实的专业知识

主播要想将商品卖出去，最直接的途径就是向粉丝推荐，而要想把商品介绍清楚，并能激发粉丝购买的兴趣，离不开良好的口才。良好的口才能体现出一个主播所具有的专业知识、商品知识。

🔊 **案例3**

说起2022年的"带货顶流"非一夜爆红的东方甄选莫属。东方甄选是抖音制造的另一个内容爆款，靠卖农产品走红，几场主播下来就牢牢霸住抖音热搜，让大众对直播间有了全新的认识。从做教育培训转型做农产品带货无疑是成功的，可近月来，所做的另一次弯道超车却不是特别理想。

2022年7月，东方甄选上线了"东方甄选美丽生活"账号，盯上了美妆的赛道，主营美妆个护和生活家居产品，欲在美妆领域大展拳脚。8日开启直播首秀，10天的时间直播了10场，销售额达到370.92万元，粉丝40多万。

基于东方甄选之前一直都在带货农产品，在第一次涉及陌生领域的美妆一开始就能取得这样的成绩是不错的。但客观来说，这个成绩在美妆个护领域不算出众，与美妆达人、头部主播来比依旧有不少距离。

同时，美妆类直播暴露出不少问题，如主播的专业知识问题。东方甄选转做美妆后，仍在沿用之前一直都在带农产品的主播，包括顿顿、杰西、冬冬等小有名气的主播，都是来"救场"的。也就是说，直播间并没有与美妆产品内容匹配的新主播，专业不对口，能给农产品带货的主播，不一定就能给美妆产品带货。比如，冬冬和杰西在推荐某款护肤品时，对产品不够了解不能像专业的美妆主播那样讲解相关的护肤常识，导致直播中时常冷场，有种令人尴尬的气氛。当然，东方甄选现在势头正猛，在缺少头部美妆主播的背景下是最有希望成为新一代的美妆"头部"的直播间。

（4）反映出超强的综合素养

良好的口才不仅仅是口语表达的问题，有张有弛的说话之道更是一个人综合素养的体现，例如，学识、眼界、敬业态度、学习精神及处理问题的能力。

1.3 好口才——控场自如，巧对外部干扰

在直播过程中，每个主播都会不可避免地遭遇各种各样的外部干扰，有人为因素造成的，如身体不适、粉丝恶意中断等；也有客观因素造成的，如麦克风无法正常使用、PPT或视频不能正常播放、突然停电以及露天直播时突遇恶劣天气等。

突然遭到外部因素干扰，常常会令主播措手不及，从而影响整场的直播效果。其实，这种情况并不可怕，关键是如何救场。救场离不开好口才，一个拥有好口才的主播能巧妙应对各种突发情况。

■))) **案例4**

在大多数粉丝心目中，主播都必须有高颜值，一些长相一般的主播就可能遭遇"黑粉"口不择言的批评：长得这么丑，对不起观众还来直播，真是自不量力。

不会说话的主播可能会这样回答：

主播A：你才丑，你全家都丑！

主播B：我又没得罪你，请注意个人素养，你再这么说我就要生气了！

懂得表达技巧的主播则会这样说：

主播C：这位宝宝，我虽然没有美若天仙，但胜在独一无二呀！每个人都有自己的闪光点，我的特长就是能给大家带来欢乐，如果我的长相不符合你的审美标准，你可以去看看其他风格的主播哟！

不同口才的主播在遭遇"黑粉"的不当批评时有截然不同的应对之策。遭遇"黑粉"的不当批评是直播间常有的情况，在遭遇不当批评时，口才好的主播和口才欠缺的主播的处理方式大不相同，从而导致直播效果截然相反。主播C的处理方式就更巧妙一些，不仅将冲突化于无形，还能够凸显主播大度、随和的形象。主播A和主播B的做法会让其他粉丝觉得主播不够宽容，有损形象。

其实，这里涉及控场技巧。控场，简单理解就是在内外部不良因素的影响下，直播要改变走向时，主播能适时、恰当地施以一个

"正向"的作用力，以保证直播的正常进行，保证直播预期的达成。

直播中常用的控场说话技巧，如图1-4所示。

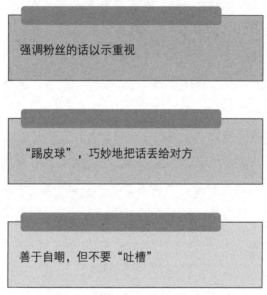

强调粉丝的话以示重视

"踢皮球"，巧妙地把话丢给对方

善于自嘲，但不要"吐槽"

图1-4　直播中常用的控场说话技巧

（1）强调粉丝的话以示重视

对于粉丝说的话，当不知道怎么回复时，可以有针对性地重复进行强调，以示对其的重视。当然，不用全部重复，只重复话中的关键词或几个字即可。这是一种很好的说话技巧，也可以理解为附和，既能与粉丝形成互动，又能化解尴尬，将话题拉回到正题上来。

◀)) **案例 5**

某游戏主播正在直播"英雄联盟"，有粉丝却发表与之不相关的"复仇者联盟"的观点："《复仇者联盟》真是太好看了，黑寡妇真迷人，场面很宏大，非常期待下一部。"粉丝的话明显偏离了主题，但对于主播而言不能直接制止、中断对方的话，这时就可以采用重复讲话法。

分析粉丝这句话，里面的关键词有"《复仇者联盟》""黑寡妇""场面""下一部"，主播可以简单地强调这些关键词。例如，"是啊，《复仇者联盟》能拍这么大的场面真的不容易，也很逼真，观看效果确实也好。"这里就重复了"场面""观看效果"等词汇，算是一种简单的统一重复。

这种说话技巧适合一些自我意识较强、更在乎自我感觉、只图自己说畅快的粉丝，这样的回复足够让他们心里感到满意。但需要注意的是，这是一种比较省力、偷懒的沟通方式，长期使用会显得不太真诚。

（2）"踢皮球"，巧妙地把话丢给对方

在直播中，一些主播会遇到自己不懂或不擅长的问题，这时会很尴尬，直接回答可能会犯错，不回答的话则会冷场。这时可以尝试把话丢回去，例如，有粉丝问："昨天看球了吗？"如果回答"我不看球"，这个话题可能会就此终结，这时可以说"我最近没

怎么关注，昨天有什么比赛啊？"这样该话题还能得以继续，同时又能把谈话主动权递给对方。

大部分主播在回答自己不懂或者不便于直接回答，或者超出范畴的问题时，会陷入两难，这时如果能把问题再次巧妙地抛给对方，既对对方的问题进行了回应，让其保住了面子，自己也能很快脱离尴尬。需要注意的是，在把问题丢给对方的时候，需要加一些简单的反问，例如，"是吗""对吧""后来怎么样"等。反问是最好的回答，是对对方的一种提醒，也便于对方能把话接下去，不至于马上冷场。

（3）善于自嘲，但不要"吐槽"

自嘲是人际关系的润滑剂，善于自嘲是人际关系中很重要的一种技巧，可以弱化对方的攻击性。主播需要经常处理粉丝夹杂着嫉妒的言行或者举止，有时候适度的自嘲就可以缓解自己那种高冷且不食人间烟火的形象给粉丝带来的距离感，并且可以化解被黑的尴尬，我自己都黑自己黑得这么惨了，你再来黑我，是不是有点没风度？

需要注意的是，自嘲不是吐槽，很多主播在直播间习惯吐槽粉丝，这种习惯一旦形成很难改，而且吐槽成瘾，自己也会很痛苦。这个时候最好掉转枪头，把嘲笑别人的话改成自嘲，这样既添加了笑料梗，也避免让别人心中不悦。

自嘲是一种能力，如果你不善于自嘲，可以在圈子里找个自己觉得可以模仿的对象，然后把对方说过的段子和话背下来，用在自己身上，在直播间不时练习。结合粉丝的响应检验效果，如果反响较好就加强练习，如果反响较差就另寻其他方法。

第2章

口才是训练出来的，
妙语连珠需厚积薄发

有人认为直播话术无非就是在直播间聊聊天。可这种聊天远不是那么简单，这是一种口语表达能力的体现，除了需要口齿伶俐、逻辑清晰，还需要运用一些方法、技巧。方法、技巧哪里来？很重要的一个途径就是训练，厚积而能薄发。

2.1 直播话术的5个部分

优秀的主播必须掌握一套完整而规范的话术。从直播开始到结束，从粉丝进入直播间到离开，都需要一套完整而规范的话术。这样的话术包括5个基本部分，如图2-1所示，每个部分的话术又有很多技巧，需要有针对性地进行训练。

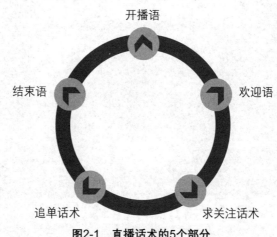

图2-1　直播话术的5个部分

（1）开播语

开播语是指在刚开播时需要说的一些话。这些话往往比较简短，必须用一两句就表达清楚，并且有吸引力。开播语开得好，可以瞬间点燃直播间气氛，促使粉丝对主播产生好感，产生与主播互动的欲望。

我是××，青春靓丽，吹拉弹唱样样强，还有一身正能量！感谢大家前来捧场！有钱的捧个钱场，没钱的捧个人场，空闲的捧个留场，喜欢的捧个情场，最重要的是给你们一个笑场！我是主播××，感谢大家支持。

（2）欢迎语

欢迎语是直播间最基础的话术，有助于增强主播的亲切感。对于每一个进到直播间的粉丝，主播都应该欢迎一下，让粉丝在进入直播间的那一刻感到亲切。但是并不是千篇一律地说一句话，如何欢迎需要讲究技巧，力争出新意。类似于"欢迎××来到直播间"这样的话术，全网都在用，很难引起粉丝的注意。

欢迎来到直播间，点关注不迷路，欢迎宝宝们来到我的直播间，主播是直播新人，希望宝宝们能多多支持，多多捧场。

欢迎各位小伙伴们来到我的直播间，主播人美、歌甜、性格好，小伙伴们走过路过不要错过，喜欢主播的宝宝在哪里？

（3）求关注话术

只有账号被粉丝关注，才能获得持久的流量。因此，大多数主播在直播中都会向粉丝要"关注"。这类话术虽然不是必须说的，但往往被主播重视，多出现在直播过程中或结束前。

感谢××的关注，还没关注的抓紧关注，主播会每天给宝宝们带来不同惊喜。

感谢宝宝们的关注，来看我那么多次了，走过路过不如来个关注。

欢迎新来的朋友，不要着急马上走，人间自有真情在，点点红心都是爱，天若有情天亦老，来波关注好不好。

我做直播，除了想得到大家的认可，也希望大家能够在忙碌完一天之后在我的直播间得到片刻轻松，真正笑一次，真正放松下来。在这里，我们畅快交流，哈哈大笑。点关注的宝宝们，谢谢你们的支持。

（4）追单话术

追单话术是直播话术最核心、不可或缺的一种话术，毕竟很多主播做直播目的就是为了卖货。而要想将货更好地卖出去，必须运用大量的追单话术。

很多粉丝到下单时就会犹豫，这时追单话术就派上用场了，好的话术可以让粉丝尽快下单。

这款数量有限，看中的一定要及时下单，不然就抢不到啦！

线上抢购人数多，大家看准了抓紧时间下单！

这次折扣仅限本次活动进行时间，错过了将不会再有这个价格！抓紧时间！

我们这款商品只有10分钟的秒杀优惠，喜欢的朋友们赶紧下单哈！

还有最后3分钟，没有购买到的赶紧下单！买它，买它，买它！

（5）结束语

与开播语一样，结束语在直播中也很重要，主要用以对整场直播进行总结，对粉丝的关注表达谢意，以及为下场直播预告。

感谢今天直播间朋友们的陪伴，谢谢你们的关注，今天很开心！虽然有一部分人没有陪到我下播，但百忙之中抽时间过来实属难得。

感谢所有进直播间的宝宝。很多宝宝从我一开播就来了，一直陪到我下播，比如××。陪伴是最长情的告白，你们的爱

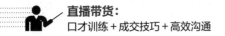

意我收到了，咱们下次再见。

主播马上就要下播了，今天和大家聊得非常开心，明天×点我在这里等你们，你们一定要来赴约！希望再看到你们。

2.2 直播间不同阶段话术技巧及时间分配

2.2.1 阶段一：正式带货前的热场

很多主播在直播时不知道说什么，脑子一片空白，或者往往需要很长的准备时间才能进入状态。为避免这种情况的发生，主播就需要在直播之初做必要的热场。

热场一般在开播前10分钟，主要任务是与粉丝互动，如向新进粉丝表示欢迎，向老粉丝打招呼、问好，对新关注的粉丝表示感谢等。在这里需要特别注意的是，要尽可能多地介绍自己，加深大家对自己的印象。

那么，如何来热场呢？一是要精心准备开播语；二是要注意礼貌用语。

（1）开播语类型

开播语一般有自我介绍式、寒暄式、自谦式、幽默式、情感式等（具体将在3.1节介绍）。

（2）注意礼貌用语

直播间的礼貌用语有很多，要一一死记硬背是不可能的。在这里，关键是要掌握它们的规律，透过规律对这些用语进行分析、归类。只要掌握了规律，很多话就有了约定俗成的内容，把想说的话植入模板中，大多数可以在现场发挥出来。

比如，下面这个开播语。

"欢迎××进入直播间，这名字有意思，是有什么故事吗？"

这句话是直播间常用的开播语，就是对粉丝的名字进行解读，适用于任何场景，对张三可以说，对李四也可以说，用起来也非常简单，即使场景变了，所有的文字都不用改动，只需将粉丝的名字更换一下即可。

其实，很多礼貌用语都可以这样理解，它都有相对固定的内容，根据场景的不同更换其中某个关键字/词即可。常用的有以下6类，如图2-2所示。

图2-2　直播间常用礼貌用语类型

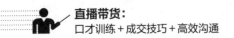

下面结合案例进行分析。

◀)) 案例1

1）对粉丝的名字进行解读：欢迎××进入直播间，这名字有意思，是有什么故事吗？

2）寻找与粉丝的共同点：欢迎××进来捧场，看名字应该是老乡/喜欢旅游/玩××游戏的，是吗？（老乡/喜欢旅游/玩××游戏的是变量，可以根据粉丝的实际情况进行调整）

3）特意抬高粉丝的身份：欢迎××来到我的直播间，第一次见到这么厉害的账号，前排合影留念啊。（前排合影留念是变量，主播可以根据自己的优势资源进行调整）

4）动情式：欢迎××回来，每次上播都能看到你的身影，特别感动，真的。

5）幽默式：不管你的病有多重，只要点关注，包管你腰不酸了，腿不疼了，想不康复也是不行了！（不管你的病有多重是变量，可以根据情况进行调整）

6）简要传达直播内容：欢迎××来到我的直播间，他们都是因为我的歌声/舞姿/幽默感留下来的，你也是吗？（歌声/舞姿/幽默感是变量，主播可以根据自己的优势资源进行调整）

一般来讲，热场时间应该控制在10分钟左右，过长、过短都不利于整场直播的顺利展开，过长会喧宾夺主，过短则起不到热场的作用。

2.2.2 阶段二：介绍引流款或福利款商品

热场10分钟之后，直播间的人气会慢慢上来，这时就要进入商品介绍阶段。一场直播中，商品的介绍一般会多次出现，不同类型的商品会出现在不同的直播阶段。

直播间通常有福利款、引流款和主推款或爆款3种商品类型。热场之后第一次介绍的商品多是福利款或引流款，时间多控制在20~30分钟。

直播间商品类型如图2-3所示。

图2-3　直播间商品类型

（1）引流款

引流款商品是一款专门为店铺引流的商品，主要目的是为直播间带来流量。这种类型的商品与福利款商品一样，价格低，利润低，不属于利润型，一般情况下利润预期在1%之内，甚至不盈利。从商家角度讲，这类商品也属于不盈利或者盈利幅度很小的商品。

（2）福利款

在直播间经常能听到主播讲"送福利，送福利"。其中最主要的一个福利就是商品，福利款商品是直播间最常见的商品类型，目的是回馈老客户。

福利款商品常常以赠送或超低价销售的形式出现，而且数量有限，有一定的设置条件。

（3）主推款或爆款

主推款或爆款商品是向粉丝推荐的主要商品，这类商品的针对性往往都比较强，主播会根据不同情况进行主推。例如，根据粉丝的喜好主推；根据店铺的库存状况主推；根据市场流行趋势主推；根据畅销款式主推。

不过，在这个阶段不宜介绍主推款或爆款商品，而是以福利款、引流款商品为主，目的是为后面阶段进一步介绍主推款或爆款商品做铺垫。因为在介绍主推款或爆款商品之前，需要将直播间粉丝的目标聚焦到主播和即将上架的商品身上，这时就需要利用福利款或引流款商品热身。

福利款、引流款商品介绍是直播话术里面最重要、最能影响转化率的话术。这两款商品有共同的作用，那就是集聚流量，增加直播间粉丝量，并初步激发粉丝的购买欲望。其作用有两方面，具体如下。

第一，引发目标关注。在有些化妆品直播间，经常可以听到这样激情澎湃的话："直播间的宝宝们，冬季需要补水的女生们（人群）听好了，接下来上架的保湿补水面膜（商品）就非常适合你们！"其实这就是用一款特殊的商品来引发粉丝的关注。在直播时，主播尤其应当注意遵守《中华人民共和国广告法》第三十八条的规定，"不得为其未使用过的商品或者未接受过的服务作推荐、证明""不得利用不满十周岁的未成年人作为广告代言人"。

第二，营造翘首企盼氛围。"直播间的朋友们注意了，很多粉丝洗头时是不是会出现掉头发的情况？这种情况严重的话会导致秃头。有这种情况的粉丝可以在弹幕中联系我，接下来，我们介绍一款防脱发液（商品），建议参考说明书选购，看看能不能解决你们的烦恼。"

2.2.3 阶段三：用游戏与粉丝互动

有经验的主播都知道，在直播过程中有一个环节必不可少，那就是游戏环节。游戏可以调动气氛，缓解尴尬。

直播时经常会遇到冷场的情况，一旦冷场就会陷入尴尬，造成大量粉丝流失。做游戏既能活跃直播间的氛围，又能增加与粉丝之间的互动。即使没有冷场，做游戏也能增强话题性，让粉丝充分参与其中，使他们产生被尊重、被重视的感觉。

那么，主播如何与粉丝进行游戏互动呢？当然，这也不是随便玩玩而已，需要在游戏上多加选择。直播间游戏的3个特点，如图2-4所示。

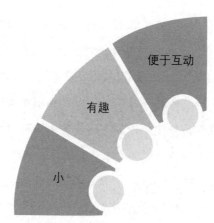

图2-4　直播间游戏的3个特点

直播间常见的游戏有以下5种。

（1）脑筋急转弯

网上有很多脑筋急转弯，也分很多类，有有趣一点的，也有严肃一点的。玩法很简单，谁先猜出，谁就能获得奖励，后猜出或未猜出的，则要接受惩罚。这个游戏特别适合主播的PK或连麦。

（2）你画我猜

主播在iPad或图画本上作画，让观众或对面主播猜，对猜不出来的人可以进行小惩罚。

（3）一口气

主播可以一口气说多少个字，比如找一篇文章一口气读下来，看看能读多少个字！

（4）抽牌比大小

提前准备好扑克牌，和观众互动，如果观众赢了，可以满足观众小小的要求，比如，表演节目或做某个小动作；如果观众输了，刷××礼物，礼物自行设置，但价格不宜过高。

（5）猜歌名

提前准备好歌曲或伴奏，让粉丝猜歌名。猜错或者在规定时间内没猜出来的粉丝要接受惩罚，多人参与，最先猜对的有奖励。

大多数人都喜欢玩游戏，在直播过程中，通过各种各样的游戏来互动，除了能促使粉丝下单外，粉丝在精神上还能获得极大的满足。游戏的形式多样，可以是竞猜游戏、棋牌游戏，也可以是拼图、猜谜游戏；可以任何人免费参与，也可以设置一定的条件。

需要注意的是，游戏时间不宜过长，一般控制在10～20分钟。这是因为直播时间不允许，一次长达两三个小时的直播，游戏就占了1/2或1/3的时间，显然是不合理的。

2.2.4 阶段四：介绍主推款或爆款商品

当成功引起直播间内粉丝的注意后，接下来就是主推商品的讲解环节。这一阶段的主要任务是对主推品全维度介绍。主推款商品，也叫爆款商品，对其的介绍是直播带货的重点，也是决定最终的带货效果的主要部分，在整场直播中所花时间最多。

对主推款或爆款商品的介绍是最考验主播实力的，从引导关注、商品介绍到最终下单，需要有步骤、有针对性地进行讲解。然而，很多主播做得很不到位。这时可运用FABE法则，它是一种典型的利益推销法。

这个法则由F、A、B、E 4个部分组成，分别代表属性、优势、利益和证据，如图2-5所示。通过这一法则可以对粉丝所关心的问题进行全方位的处理，从而促使其对商品认可，并最终下单。

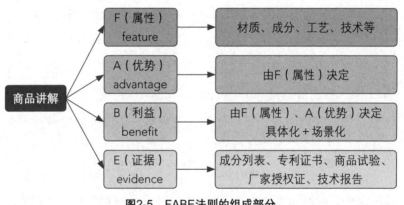

图2-5　FABE法则的组成部分

（1）F（属性）

F（feature）：是指商品的名称、产地、材料、工艺定位、特质、特性等最基本的功能，以及它是如何用来满足粉丝的需要的。特性是一个商品所独有的，具有唯一性。主播在讲解时，要善于从这些特性中挖掘商品的内在属性，从而找出差异。如果能给粉丝一种"情理之中，意料之外"的感觉，下一步的工作就很容易展开。

（2）A（优势）

A（advantage）：是指商品优势，而且是针对F（属性）而言的，比如，产地优势、材质优势、工艺制作优势等。商品优势往往是粉丝购买商品的动力，主播在介绍时要充分阐述这些优势，向粉丝证明"购买的理由"。主播可以直接阐述，也可以间接阐述，比如，与同类商品相比较，列出比较优势，或者列出这一商品独特的地方。

（3）B（利益）

B（benefit）：是指A（优势）所带来的利益，即利益推销，商品能带给粉丝的好处。利益推销是直播间卖货的主流理念，一切以粉丝利益为中心，通过强调粉丝得到的利益、好处激发其购买欲望。

（4）E（证据）

E（evidence）：是指用以证明商品利益的证据，包括成分列表、专利证书、商品试验、厂家授权证、技术报告等，通过现场演示，如相关证明文件、品牌效应来印证刚才的一系列介绍。值得注意的是，所有"证据"都必须具有客观性、权威性、可靠性和可见证性。

案例 2

场景模拟：利用FABE法则介绍一款破壁机

第一步：首先从破壁机的技术特点开始引入，让粉丝在第一时间对商品留下标签印象（F）。

主播：今天给大家带来的×品牌破壁机，具有4大技术声源降噪、3步完成自动清洁、8大菜单及0.3～1L的自由选择容量等特点。

第二步：除了介绍技术特点，还要通过技术特点引出商品卖点（A）。

主播：这款商品的优点是超级静音、解放双手自动清洁、满足多种家庭料理需求。

第三步：只是这样的话，观众很难产生共鸣，这时主播需要具体的场景凸显商品特点（B）。

主播：就以我为例，记得以前小时候用的老式豆浆机声音非常大，所以每天早上叫醒我起床的不是闹钟，而是家里的豆浆机。如果今天直播间的粉丝有早上想喝豆浆，又嫌外面买的不健康的，想要自己做的，可以看看这款破壁机。

第四步：通过举证的方式证明之前阐述的商品特点及优势（E）。

主播：接下来，我给大家现场演示如何做一杯新鲜的豆浆。

2.2.5 阶段五：引导成交，感谢关注

主播完成引发关注、商品介绍和展示等步骤之后，最后一步就是一锤定音，引导直播间内的粉丝下单购买。这一步多发生在直播的最后20分钟左右，在具体引导成交时可以采用五步引导法，如图2-6所示，助力主播完成最后的引导下单操作。

提出问题：	结合消费场景挖掘消费痛点以及需求点
阐述问题：	将问题的危害列出来，并进行细致分析
引入商品：	以解决问题为出发点，引入商品
提升高度：	通过行业、品牌、售后等增加商品附加值
降低门槛：	讲解商品的优惠力度，强调直播间专享价格，打破购买心理防线

图2-6　直播间引导成交的五步引导法

◀))) **案例3**

场景模拟：利用五步引导法引导粉丝成交防晒霜

第一步：提出问题，针对商品可以根据用途或卖点提出场景化假设。

主播：夏天这个季节紫外线非常强烈，是不是很多宝宝容易被晒黑甚至晒伤？

第二步：阐述问题，把自己提出的问题结合商品放大或进行夸张化描述。

主播：俗话说"一白遮百丑"，等皮肤晒黑变得不好看，再去买贵的美白精华得不偿失。

第三步：引入商品，把解决问题作为出发点，顺势带出需要提供的商品。

主播：所以防晒就显得很重要，防晒方式有很多，今天直播间推出一款××防晒霜。

第四步：提升高度，再通过必要的描述带出商品卖点，并且加以对比，提升高度。

主播：该款商品使用后非常清爽，不黏腻，而且容量大，非常适合每天都需要防晒的宝宝们。

第五步：降低门槛，最后主播着重宣传价格的优惠力度，并说明直播间特惠价格，以制造稀缺性。

主播：这款商品日常专柜价格为×××元，但是今天直播间最低专享价仅需××元，限量××个，抢完为止。

在交易达成阶段，成交话术起着非常重要的作用，尤其是在对口语严重依赖的直播行业，一套富有吸引力的直播话术对于促进成交而言非常重要。那么，主播应该如何成功地组织一套引导成交的话术呢？主播可以重点围绕如图2-7所示的3点内容来述说。

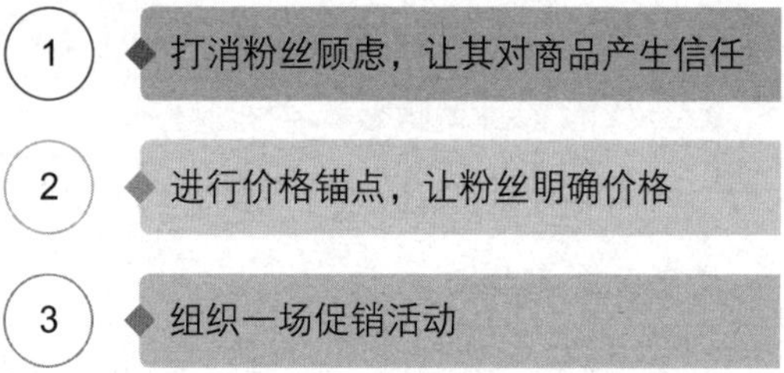

（1）◆ 打消粉丝顾虑，让其对商品产生信任

（2）◆ 进行价格锚点，让粉丝明确价格

（3）◆ 组织一场促销活动

图2-7　成交话术包含的3点内容

（1）打消粉丝顾虑，让其对商品产生信任

很多粉丝在直播间下单前肯定是带有顾虑的，作为主播第一步就是打消他们的顾虑，使其对商品产生信任。其中，最佳的做法就是试用，并与粉丝分享使用体验与效果，验证商品的功效。这样才证明你在用，并且你觉得很好，同时有足够的说服力让粉丝信服，激发粉丝的购买欲望。

（2）进行价格锚点，让粉丝明确价格

价格锚点是托奥斯基在1992年提出的，其认为消费者在对商品价格不确定的情况下，会采取一个可对比价格来判断该商品的价格是否合适。

◀)) 案例4

直播间有两款净水器，一款1399元，另一款2288元，你很想推荐2288元的给粉丝，可真实情况是大多数人会选择1399元的。

这时，如何做才能让粉丝选择2288元的呢？这里就可以用价格锚点的逻辑，即再增加一款4399元的，这时候选择2288元的人就会比以前多很多。为什么会这样？就是因为粉丝在对比中有了一个可感知的价格对比。

从理性的角度来说，粉丝只有知道某个商品的合理成本和利润，才能做出一个理性的价格判断。但是，在大多数情况下，消费

者很难找到一个合理的价格，因为这个所谓的合理价格不是由成本来决定的，而是由消费者对这一商品的价格感知来决定的。所以，如果决定要推荐2288元的商品，就必须让消费者感知到它相对于别的选择的价值。

所以，一场能真正掀起巨浪的消费，消费者其实并不真的是为商品成本付费，而是为商品的价值感而付费。换句话说，感动消费者的终究是商品的价值，而价值是由价格体现出来的，在推介商品的时候，一定要重点强调商品的价格，以形成价格锚点。

（3）组织一场促销活动

为了更好地引导粉丝下单，主播除了让他们对自己产生信任，对商品有一定的了解，还要再加一把火，那就是促销。

直播带货一定要结合促销活动进行。比如，节日促销，能给粉丝营造良好的购买氛围；限时限量促销，能给粉丝制造购买稀缺感，让他们感觉这是一次不可多得的机会。也许你的商品很畅销，但也不要忽视促销的作用，好的促销活动能对粉丝产生短暂的激励，一段时间内能激发粉丝的购买热情，培养其兴趣和使用爱好。

2.3 带货主播口才训练的4个重点

2.3.1 逻辑：说话缺乏逻辑，就会乱了分寸

优秀的主播在口语表达上都有过人之处。良好的口语表达能力

最显著的特点就是说话井井有条，不慌不忙，应答如流。其实，这里涉及的就是说话逻辑问题。很多主播由于经验不够，或心理紧张，或者习惯问题，在与粉丝沟通时语速过快或过慢，缺乏逻辑性、层次感，不但不能说服粉丝，甚至连自己在说什么都不清楚，这样何以打动粉丝？

主播一定要非常注意自己的说话逻辑，用词恰当，谈吐自如，将直播的主题表达清楚，对粉丝提出的异议也能巧妙化解。

对此，我们来看一个案例，面对同样的情景，不同的表达，其效果就会截然不同。

◀)) 案例 5

两个主播在推销同一款空调，结果甲一天之内售了1台，乙售出去30多台。差距之所以大，就在于表达能力的差异。

甲在直播间总是对粉丝说："先生，您买空调吗？我们这是新款，功能非常好，您买吧！它不仅能自动调温节能，还能够过滤空气，有效杀菌，而且在质量、服务上都是最好的，别人承诺保修两年或三年，我们则能保修五年。先生，您不妨试一试，我们可以让您免费试用，几天都可以。"

可以看出，这位主播介绍商品时的逻辑是非常混乱的，尽管介绍得很全面，但让人听得云里雾里，结果就是商品亮点根本无法展现出来，粉丝也无法从这一段话中识别出有效的信息。

乙是这样说的："宝宝们，今天我特别向大家介绍一下这款最新的空调。"

"它与过去所有的空调有一个最大的不同，可以说这也是它的特殊功能。"

这时，很多粉丝留言："什么功能？快说说。"

乙紧接着说："大家都是使用过空调的，最大的烦恼是什么？"

有人说是浪费电，有人说是制冷效果不好等，总之，很多问题出来了。

乙继续说："你们说得都对，但我们这款新空调还不仅仅限于此，节能、制冷没问题，更重要的是还能过滤空气，有效杀菌，具有空气净化器的功能。"（图2-8）

这个时候，又有人问："多少钱？"

乙说："价格绝对在合理范围之内，我们先来了解下商家的服务，售后服务时间也是最长的，别人承诺保修2年或5年，宝宝们看一下啊，这是商家提供的售后服务卡，凭卡享受服务啊，我们可以让您免费试用。"

听到这里，只要有需要的人就会动心，就算不买，也可以申请试用，说不定可以转化为潜在粉丝。

图2-8　直播间卖空调截图

两位主播由于表达逻辑的差异，收到的效果完全不同。细品案例中两位主播与粉丝的对话，可以揣摩出其中的说话技巧。主播甲在交流时明显缺乏逻辑，没有主次之分，没有详细、简略之分，几乎全盘而出，让粉丝听得云里雾里。而且其一再强调的都是大家熟悉的东西，话中的信息明显无法引起粉丝的重视。主播乙的逻辑清晰、重点突出，抓住了商品的核心——特殊功能，然后又从其功能说到服务，循序渐进，层层深入。这种方式不仅协助粉丝找到了问题的症结所在，轻松地化解了粉丝的心头疑问，自然也较快地获得了成功。

2.3.2 语速：说话过快或过慢，让人听不懂

直播间没有字幕，内容全靠主播口述，这就对主播口语表达的速度提出了较高要求。主播的语速对直播间的节奏影响很大，过快或过慢都不是最好的表达方式。过快犹如开足马力的机器，主播自己很容易疲倦，听者也难以跟上主播讲话的节奏，尤其是直播间这个特殊的环境，是很多人同时在发言，画面上的字呈滚动状态，闪动得很快，如图2-9所示，一些关键的话、重要的信息，稍不留神就错过了。

图2-9　直播间信息呈现形式

语速过慢同样不利于交流，直播间会显得死气沉沉，如果中间出现过长时间的"冷场"，粉丝就会失去耐心，跳出直播页面。

鉴于此，主播要做到语速适中、吐字清晰、发音清楚。要想拥有理想的语速，必须充分结合粉丝的理解能力和接受程度。同时，也要建立起应有的自信，既不要担心冷场的尴尬，也不要因害怕说错而不敢说。相反，要具有真正强大的内心掌控力，相信自己能把控直播间的节奏。

科学研究表明，理想的语速为每分钟300个字，如图2-10所示，这样的速度不会过快或过慢，听起来最舒服，也恰到好处地能保证粉丝理解和接受。

被语速问题困扰的主播很多，那么，如何来纠正呢？这里提供3种方法：一是试错；二是调整心态；三是养成良好的习惯。

图2-10　主播最理想的语速

（1）试错

主播可以先进行简单的测试，即在正常直播时进行录音，直播结束后以1分钟为时限，记录自己在1分钟内说了多少个字及与正常语速的差距。计算出结果后，再进行针对性的训练。

（2）调整心态

有些主播说话过快或过慢，完全是因为心态原因，遇到这种情况，可以在直播前制造兴奋情绪。

如果存在说话语速过慢的问题，可以回想自己经历过的愉快场景，或者想象直播中可能遇到的有趣事情；如果说话语速过快，就要在内心问问自己，了解太快的原因，是否是因为过于匆忙给出答案，或者担心粉丝对自己的话题不感兴趣。根据找到的主要原因，有意识地加以改进。

在直播过程中，心里要时时暗示自己，语速过快时刻意放慢速度，语速过慢时则要注意加快速度。此外，还要根据直播内容调整语速，对于比较激动的部分应加快速度，对于比较和缓的部分则应放慢速度，从而保证语速与心理情绪变化的紧密配合。

（3）养成良好的习惯

要想尽快调整语速，从长期来看还是要有一个好习惯。习惯很重要，一旦养成就会形成定律，时时刻刻反映在说话中。

在习惯养成上，朗读是一种不错的方法。可以给自己制订中长期的朗读计划，每天清晨或睡觉前读上一段优美的短文，也可以利用电脑话筒或录音笔记录下自己的朗读，反复读，反复听，改进自己的不足，或者找一些"听众试听"，请他们指出自己在朗读过程中语速方面存在的问题，并进行改正。

另外，还要结合当事人的状态有所调整。语速是由说话者的状态决定的，兴奋、高兴时可以加快一点速度；讲解商品的功能、试用商品时，语速要慢一点，以让粉丝充分了解商品的特点。

2.3.3 语调：语调不同，表达的语义不同

人与人之间有效的交流、沟通需要以真情实感为基础。也就是说，在与人交流的过程中必须倾注某种感情，这种感情如何来体现呢？那就是通过语调来体现。

语调是情感流露的窗口，愉快、失望、坚定、犹豫、轻松、压抑、狂喜、悲哀等复杂的情感都能在语调的抑扬顿挫、轻重缓急的不断变化中得到表现。同时，语调还可以流露出一个人的社交态度。有的主播在直播时采用一贯的"和尚念经"式语调，很容易令粉丝反感，反观那些诉诸真实情感的，则很容易在情感上引起粉丝的共鸣。

语调很重要，但在直播中却往往被忽视。大多数主播只关注用词是否风趣，内容是否丰富，却忘了如何使语调动人，结果致使直播的思想感情传递受到阻碍，直播的整体效果也大受影响。

在直播间，为了使自己的谈话引人注目，一定要在声音大小、高低、快慢上下功夫，这样才能收到事半功倍的效果。

那么，主播应该采用什么样的语调呢？正确的和错误的语调如图2-11所示。同时，知道了正确的语调，就要规避错误的。

主播说话时要让粉丝感觉到舒服，有亲和力，这就是语调的作用。语调的高低升降，包括升调、降调、平调、曲折调，可以适当地加入微笑、重音、轻读等多种形式。

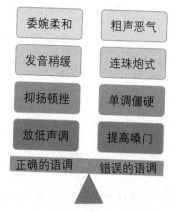

图2-11　直播间正确语调与错误语调

需要注意的是，这一切都是建立在追求自然、真情流露的基础上的。如果装腔作势，过分追求所谓的抑扬顿挫，也会给人华而不实的感觉。总之，良好的说话语调必须建立在真实情感流露的基础上，最自然的也才是最动听的。

2.3.4　停顿：说话不停顿，粉丝会产生怠意

停顿是一门说话艺术，更是一门技术。一部优秀的电影，如果一直是高潮迭起，没有停歇的间隔，往往不能真正深入人心。同样，一场好的直播，主播也不能总是滔滔不绝，制造高潮和惊喜，适时地停顿往往胜过滔滔不绝，会说话的主播都会找机会稍作停顿。

那么，在直播过程中如何停顿呢？需要把握以下两点。

（1）根据标点符号停顿

标点符号是最佳的停顿标志，既是书面语言的停顿符号，也是

交流时停顿的重要依据。直播中，凡有标点符号的地方都需要做停顿。在这里特别强调一下，标点符号不同，停顿的时间长短也不同。一般来讲，有如图2-12所示的规律。

图2-12　标点符号停顿时间从短到长的顺序

（2）根据语义停顿

有时候，一个句子中间没有标点，为了准确地表达语意，揭示语言的内在联系，也需要适当地停顿。在没有标点符号的前提下，是停顿还是连续，通常以所要表达的意思为基准。有时是为了强调，有时是为了换气。

1）用停顿来表示强调

直播时由于说话意图、感情和心理活动不同，语言节奏、语调也要有所变化，这时候就要注意停顿。

比如，主播介绍某商品的促销活动："这款商品的3折优惠活动将在今天晚上直播后结束，有意向的宝宝们要及时关注！"

为了表示强调，在"3折优惠活动"处就需要停顿一下，这样能让粉丝感受到活动优惠的力度，以引起粉丝对商品价格的格外重视。

2）需要换气

主播算是一个体力活，有的主播直播时间长达8小时以上，因此，对嘴部的要求非常高，必须学会换气。有时候句子太长，主播需要换气调节气息，以恰当地停顿。这里停顿只是作为调节气息的一种手段，不仅能让自己有换气的机会，也能使粉丝有回味的可能。

比如："我们要努力试着去了解既熟悉又似乎很陌生的亲人。"这个句子比较长，如果在"了解"之后稍作停顿，吸一口气，可以为接下来的讲述蓄势，也可以提高语言的清晰度和表现力，使粉丝更好地领悟这句话的深刻内涵。

在停顿时还有一个小技巧，那就是靠唇舌这个部位来发声，通过唇舌运动达到换气的目的。如表2-1所列是几种唇舌发声锻炼技巧。

表2-1　唇舌发声锻炼技巧

项目	解释说明
送口腔	每日松下巴30次
换气	每日喊"嘿、哈""喝、也、哈、或"各30次
唇操	撮唇、转唇、合口左右噘唇各30次
舌操	顶腮、挂舌、转舌、弹舌各30次

2.4 带货主播口才训练的4个步骤

2.4.1 背诵：拿着策划案背

做直播的人都知道直播需要以策划案为基础，策划案是对直播内容的高度总结和概括。没有策划案，主播大脑会一片空白，即使再能说会道，仅凭伶牙俐齿，也很难支撑连续几个小时的直播。

记不住策划案的内容，要想脱口而出是不可能的。很多时候，口才并不仅仅是一种天赋，还需要后天的努力，好主播是练出来的，平时的锻炼起着至关重要的作用。

那么，主播如何才能将策划案熟记于心呢？最简单的方法就是背诵。

"背"是对记忆能力的培养，"诵"是对表达能力的训练。背诵其实就是先记忆，再去表达，这是练习口才必不可少的一种方法。只有记住了所要说的内容，头脑中存足知识，才能在此基础上充分发挥，做到张口即出，滔滔不绝。

背诵法的着眼点在"准"上，要求准确把握所背的内容，不能有遗漏或错误，而且在吐字、发音上也一定要准确无误。然后，再在此基础上进行声情并茂的表达。

对策划案的背诵也是讲究方法的，大致可以分为4个步骤，如图2-13所示。

第一步	初步浏览策划案的大意
第二步	对策划案进行分析，理解其核心思想、人物关系以及蕴含的深层信息
第三步	对策划案进行艺术处理，比如，找出重音、划分停顿等，这些都有利于对内容的准确表达
第四步	在此基础上进行背诵，用饱满的情感、准确的语言、语调进行诵读

图2-13 背诵策划案的方法

2.4.2 练习：对着镜子练习

人人都羡慕口才好的人，但好口才不是天生的，也不是一朝一夕就可以快速练成的，它需要常年练习。

纵观那些优秀的主播，他们并不是因为做直播才开始练习口才的，相反在从事主播职业之前，本就是口播达人或以口才谋生。

◀)) 案例6

> 罗永浩入驻抖音前做过很多行业，而且口才也非常了得。转做直播后，第一场就压倒了很多老牌主播。其实，这都与他的一个特质有关，那就是非常棒的口才，直播时可谓是金句频频。那么，他的口才哪里来的呢？最关键的就是平时的积累，甚至是十几年、二十年的积累。据他自述，良好的口才与自己读的书多有关。他说自己从小就喜欢看课外书，高中辍学之后闷在家里读了三年书。而且30岁之前，他始终保持对读书的赤子之心，把大量时间用在读书上，这为其以后的演讲积累了大量素材。

当然，举这个例子重在强调在练习口才时坚持的重要性，提升口才唯一的方式就是不断练习，而成本最低、效果最好的方法就是对着镜子练习。那么，如何对着镜子练习口才呢？

（1）保持微笑

对着镜子练习，保持微笑是第一要求，不管说得怎么样，首先必须保持微笑。对于一个主播而言，会笑是直接加分项，即使你说话时出现了失误，甜美的笑容也会有所弥补。切记，要养成笑的习惯，每次讲话之前都微笑一下。

（2）制订规则

对着镜子练习时不能盲目地练，更不能随心所欲地练，必须为自己制订规则，比如练习的时间、练习的内容、要达到的效果。因此，在练习时要给自己计时，而且时间呈逐渐增多的态势，一个阶段比一个阶段时间长。同时，练习的内容也不能一成不变，应该一次比一次有逻辑、有条理，这样才能达到对镜子练习口才的效果。

2.4.3 复述：向别人复述

正所谓"他山之石，可以攻玉"，不断复述对口才、表达能力的提升有很大帮助。然而，对于复述这种方法，很多人却不以为然，误认为不就是简单地照着读、跟着念吗？其实不然，复述是一种能力，能真正做到位的人并不多。它要求在复述过程中融入自己的独特理解，创新思维。

那么，什么是复述？复述通常是指把他人的话语用自己的方式更清楚地表述出来，同时又能够转化为自己的东西。

复述重在提升语言的连贯性和记忆力，在复述时要注意循序渐进、由易到难。假如选择了10句话的文章：

第一个层次：复述最基本的情节、几个关键词。

第二个层次：复述70%～80%的内容，七八个完整的句子。

第三个层次：复述完整的故事，并能有自己的理解。

开始练习时，可以选择句子较短、感兴趣的内容，这样便于把握、记忆。随着训练的深入，可以选择一些句子较长、情节少的内容进行练习。这样由易到难、循序渐进，效果会更好。

2.4.4 试错：实战练习

很多人做事情因害怕失败而选择最保守的方式，其实不敢尝试才是最大的失败。其会因为不敢面对而失去成长的机会，同时也会导致对自己的能力将信将疑。做任何事情都是这样，没有证明过就无法了解真正的自己，更难让自己树立起自信心，所以，必须要敢于试错。

直播间卖货也是同样的道理，很多主播初次直播，因害怕说错话就不敢开口，不敢面对广大粉丝。试想，越不敢说，越不知道问题出在哪里，换个角度看，如果大胆地说出来了，那么即使犯了错也知道错在哪里，从而可以有针对性地纠正。

试错法是一种纯粹的经验学习法，通过不断实战发现问题、解决问题。这种方法的基本逻辑是"猜想—反驳"，即提出质疑，发现问题，然后再推翻它，彻底解决它，如图2-14所示。

鉴于这种逻辑，我们在实际运用中也可以分两步来运作：一是猜想；二是反驳。

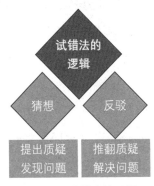

图2-14　试错法的逻辑

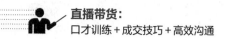
（1）猜想

猜想是试错的第一步，没有猜想就不会发现错误。猜想在某种程度上就是怀疑，这种怀疑不是为了怀疑而怀疑，而是为了发现问题、更正问题，对以往知识进行修正。在修正过程中，能力就能逐步得到提高。

但是，猜想不是胡乱地想象、随意地编造，一定要尊重已有的事实，建立在对事物已有的认识基础之上。

（2）反驳

反驳是试错的第二步，没有反驳，猜想就是一厢情愿，而且极有可能是错误的想法。反驳就是批判，就是通过初步结论发现错误，通过检验确定错误、排除错误的思维过程。排除错误是试错法的目的，也是它的本质。因为不能排除错误，认识就不能得到提高，就不可能从错误中走出来。

综上所述，试错是猜测与反驳的结合。它是对已有认识的试错，即不是找正面论据，而是寻求推翻、驳倒它的例子，并排除这些反例，从而使认识更加精确、科学。

试错是成长的必经之路，也是在自我辩证过程中必然会遇到的问题。作为主播必须敢于去试错，学会去试错，既有利于促进自己成长，也是验证能力的绝佳方式。但需要注意的是，试错不是目的，不是为试错而试错，这是对试错法的极大歪曲。

2.5 撰写直播策划案，有计划心不慌

2.5.1 直播策划案的两大类型

策划案是形成话术的基础，撰写策划案是直播开播前的一个重要环节。策划案，也称策划书，即对某个未来的活动或者事件进行策划，并展现给读者的文本；策划书是目标规划的文字书，是实现目标的指路灯。策划案有两种类型，具体如下。

（1）单品策划案

对于单品策划案，建议以表格的形式写下来，这样能把卖点和利益点非常清晰地体现在表格中，这样在对接的过程中就不会产生疑惑和不清楚的地方。

撰写策划案只需要掌握4个关键要素就行，为了更好地了解这些要素，下面用一个表格来呈现，如表2-2所列。

表2-2　直播策划案的4个关键要素

镜头内容	景别	场景	台词	时长	道具	演员	备注
品牌介绍							
利益点强调							
引导转化							
直播间注意点							

表2-2中整理出了大致的内容框架，虽然不像影视策划案那么专业，但对直播而言已经足够了，会令直播的思路更加清晰。

表2-2是一个模板，在创作时只需要对应着填写内容就行了，

对于平时灵光一闪的念头，也可以快速记录下来。做策划案关键是多行动、多积累，如果不行动，就算知道再多的原理，也是没用的。

（2）整场策划案

整场策划案是关于整场直播的策划案，在直播过程中，最重要的就是对我们的直播套路进行规划和安排，重点是逻辑和玩法的编写以及对直播节奏的把控。

整场直播2～4个小时，中间是不休息的。

以一场时间为2个小时的直播为例，看看是如何做直播策划案的。

① 开播后马上进入直播状态，签到、与最先进入直播间的粉丝打招呼。

② 开播后5分钟，近景直播，边互动边介绍1～2款引流款商品。这个时段的互动，建议采用打卡抽奖的方式，同时不断介绍今天的爆款商品，等待更多粉丝进入直播间。

③ 第5～10分钟，剧透今天直播的主推款或爆款商品。

④ 第10～20分钟，将这场直播所有的商品全部大致讲一遍，每款点到为止，不做过多阐述，整个剧透持续10分钟，助理跟上，同时要准备相应的实物展示。整个过程不看粉丝评论，不跟粉丝走，按自己的节奏逐一剧透。

⑤ 开播30分钟后，正式进入商品介绍环节。重点根据策划案中预设的主推款或爆款介绍，也可以根据直播间粉丝和每个商品的

点击、转化销售数据进行推荐。每个商品要有大概5分钟的单品策划案。

⑥ 第60～100分钟，做粉丝呼声较高商品的返场演绎，并完整演绎爆款商品购买路径，教粉丝怎么领优惠，怎么下单。

⑦ 最后20分钟，回复此次直播中粉丝遇到的问题，同时，剧透下次直播的时间、新款、福利等，并建议粉丝下播后去看复盘讲解。

2.5.2 撰写直播策划案的5个关键

撰写直播策划案就像写一篇文章，要把关键点呈现出来，有开头，有结尾，有人物，有场景，有高潮，有细节。那么，撰写策划案有哪些关键呢？如图2-15所示。

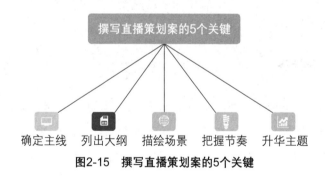

图2-15　撰写直播策划案的5个关键

（1）确定主线

主线是策划案的核心，即想要表达什么，按照哪种形式去表

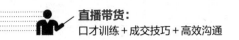
达。只有有了这条线索，才能做一个有灵魂的直播，主播的话术才可能围绕一个主题去说，从而使粉丝记忆深刻。

（2）列出大纲

大纲是指围绕主线对整个内容进行的统筹安排。确定大纲是提前罗列每一辑的内容梗概、情节以及人物关系，包括需要多少人参演，在什么样的情景中表演等。

（3）描绘场景

场景是直播不可或缺的部分，打造富有吸引力的场景，能增强直播的代入感，引起粉丝的情感共鸣。因此，在策划案文案中要多体现场景这一部分。尽量多布置几个场景，而且要善于用语言表达出来，描绘得细致入微，故事发生在什么样的场景中？是一个还是多个场景？场景是否真实？

（4）把握节奏

直播对节奏的要求十分高，必须在有限的时间内将想要展现的内容完美地展现出来。一般来讲，粉丝对直播的新鲜感和注意力在前面几分钟，因此直播的开头、结尾，以及每个阶段的衔接要紧凑，过于松散极易让人产生疲劳感。

（5）升华主题

升华主题的主要目的是进一步体现视频内容的价值，从而关注、点赞、转发等。策划案文案创作的核心框架包括开场画面、核心主题、剧情、情节反转、剧情人物冲突、引导互动。

在以上5个方面中，每一个方面都做到精打细磨，方能打造出一个爆款策划案，制作出爆款直播案。

另外，为更好地写出爆款策划案，要坚持写主播日记。当你翻看以前的日记时会有新的发现，有助于为策划案提供素材，你曾经记录下来的图片、感受或只言片语都是策划案的素材来源，这会让你的口才爆发。

第3章

直播开场话术：张口不落俗套，一句话吸引粉丝

一段打动人心的开播语，是关系直播成功的关键。因此，作为主播一定要重视开播语。设计精彩的开播语，能在第一时间吸引粉丝的注意力，为接下来直播的顺利进行提供保证。

3.1 常用的5种带货开播语

3.1.1 自我介绍式：简单易操作

在很多场景都需要做自我介绍，面试应聘时，升职竞选时，工作入职时……做直播也需要。随着直播的到来，自我介绍也成为直播间最常用的一种开场方式，尤其对于新手主播而言，面对陌生的粉丝时必须先做一番自我介绍，以给粉丝留下更深刻的印象。

例如：

> ① 大家好，我是一名新主播，今天是我开播的第一天，很高兴认识大家，希望能在直播间给大家带来开心，带来快乐。
>
> ② 大家好，我是一名新主播，今天第一天直播，谢谢大家支持。初来乍到，如果有什么地方做得不够好的，希望大家海涵，感谢大家的支持。

好的自我介绍往往能为后期的直播做铺垫，营造更为融洽的气氛。当然，在直播间做自我介绍与在日常生活中做自我介绍还是有区别的。最大区别就是面对的群体不确定，很难精准地知道屏幕对面有多少人，是男人还是女人，是年轻人还是老人，当时的情绪怎么样等。这些不确定性因素大大制约了主播在做自我介绍时的效果。

那么，如何做好直播自我介绍呢？这里有这样一个公式，如图

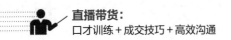

3-1所示。

图3-1　自我介绍开播语公式

下面结合一个直播开播语实例进行分析。

🔊 案例 1

亲爱的各位家人们，大家好，今天很高兴又与大家如期见面了。我叫千恩，是一名知识类＋带货类主播，如果未来你们打算开播，却苦于不会开场、不知道讲什么，或者感觉自己讲得还可以，就是留不住人，那么，接下来就与我一起探讨一下。

下面是一个标准的自我介绍式开播语模板，我们将各个部分拆分开再来看一遍，如表3-1所列。

表3-1　自我介绍式开播语模板拆分解读

项目	内容
尊称＋问好	亲爱的各位家人们，大家好
心情	今天很高兴又与大家如期见面了
我是谁	我叫千恩，是一名知识类＋带货类主播
来干什么	如果未来你们打算开播，却苦于不会开场、不知道讲什么，或者感觉自己讲得还可以，就是留不住人，那么，接下来就与我一起探讨一下

（1）尊称＋问好

自我介绍中必须加入尊称，比如，"直播间的家人们，大家好""尊敬的领导、来宾，大家好"等。这样，第一，可以展示自己的专业度，表示对粉丝的尊重；第二，也是与粉丝互动的开始，能最大限度地使他们将注意力集中到自己身上来。

需要注意的是，尊称要简短，一两句话把身份带到，避免用太长的语句。

（2）心情

这里的心情主要是指感受，简介中要表明自己的感受，比如，很开心/激动。事件是指要表明是什么活动，如新品发布、节日促销、店庆优惠等。这两个要素结合用一句话表明，就是"今天很高兴，能在新品发布大会上介绍自己，认识大家"。

（3）我是谁

介绍中需要介绍我是谁，可以说自己的昵称或名字，这一点非常重要。在介绍名字的时候，语言要清晰、匀速、连贯、慢慢地说出来，保证粉丝能听得懂。如果名字中含有不容易理解的字，可以把姓名拆开，降低听的难度。

需要注意的是，要使用大家都熟悉的词汇，比如，"我叫颜树文，颜是颜值的颜，树是百年树人的树，文是有文化的文"，由于都是大家熟悉的词，理解起来就会容易得多。

同时，要选择富有正面意义的词汇，比如，"我叫汪志强，汪是汪洋大海的汪，志是志在千里的志，强是强身健体的强。"这样一听，大家就会觉得你是一个很正面、积极的人。

这部分也可以延伸为基本情况的介绍，包括来自哪里、兴趣爱好等。不过，这部分是可选性内容，可介绍可不介绍，也可以选择性地介绍。比如，讲自己是哪里人，说不定场下有你的老乡，也可以讲兴趣爱好，可能会找到志同道合的朋友。

（4）来干什么

这部分也是可选性内容，如果有很好的总结，可以简单提一下，如果没有，就可以跳入下个环节。具体可以根据实际情况做调整，因为我们这里说的只是开播语，之后还会有正文，这里讲多了反而显得过于赘述。

3.1.2　寒暄式：增加亲近感

陌生人相见，或多或少都有些尴尬，不知道说什么好，最好的方式是寒暄。简单的问候可以大大缓解这种尴尬，迅速拉近与对方的心理距离。再次见面时，就可能非常熟悉，成为无话不谈的朋友。

在直播间也是同样的道理，有些主播在面对陌生粉丝时不知道如何是好，这时可以进行简单的寒暄，这是打开话题、博得粉丝好感的最直接的方法。

那么，如何很好地与粉丝寒暄呢？要注意如图3-2所示的3点。

确定寒暄话题

看粉丝群体

看直播间气氛

图3-2 与粉丝寒暄的3个注意事项

（1）确定寒暄话题

寒暄语不能只是简单的问候，正如有的主播开口就说"大家好""很高兴与大家见面"等，虽然这也是问候，但空洞无物，说了等于什么都没说，丝毫引不起粉丝的互动兴趣。

因此，寒暄除了简单的问候，必须先确立一个"点"，基于某个话题去说，比如，今天的天气、粉丝年龄等，具体示例如下。

① 大家早上/中午/晚上好，看你们今天的心情都非常棒，遇到什么好事情了？给我分享一下。

② 大家好，很高兴再次在这里与大家见面，昨晚熬夜看直播的宝宝们今天还是那么精神啊，年轻真好。

（2）看粉丝群体

面对的粉丝群体不同，寒暄语自然也有所不同。对于年长者，可以多聊聊健康；对于中年女士，可以夸赞其有气质；对于年轻人，可以谈理想、抱负、运动等。

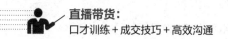
需要注意的是，无论谈什么，都应该让对方感受到亲切，气氛
融洽。

（3）看直播间气氛

在说寒暄语时，还需要看直播间场合，面对不同的直播间，寒
暄语也不同。例如，如果直播间是一种庄重、严肃的气氛，寒暄就
不能过于随便；如果直播间的气氛比较随意、轻松，寒暄自然也要
随意一些。

3.1.3 自谦式：运用最多的一种开播语

在直播间还有一种开播语运用得较多，那就是自谦式开播语，
适合任何场景。幽默诙谐的表达方式常常会受到场合、受众，以及
很多场外因素的限制。有的时候确实不适合开玩笑，且才艺又不是
每个人都有。唯有自谦不受任何限制，只要有一颗真诚的心，对粉
丝有爱，放之四海而皆准。

使用自谦式开播语可以达到以下两个效果，如图3-3所示。

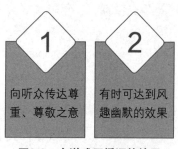

图3-3　自谦式开播语的效果

自谦是一种传统美德，国人在与人交流时常常会用诚恳、自谦的语气，或一些尊敬、自嘲的词语。其实，都是发自内心的崇尚虔诚、礼貌待客的体现，也是意在向对方表明尊重之意。这种表达同样可以用在直播间，一些关键性的自谦词，一旦用在自己的表达中，效果会立马不一样。

接下来看下面的示例，认真揣摩自谦性关键词在整句话中的作用。

（1）【欢迎】

欢迎来到我们××直播间。今天店铺提供第二个半价，买二送一，赞抽奖，ins里流行的好物。

（2）【晚上好】

大家晚上好，欢迎来到××直播间。今天的主题是××，推出了10个重点推荐链接。主播会按顺序一一讲解。

（3）【陪你】

欢迎来到××直播间，我是今天的主播××。今天我们××直播的时间是晚上8点到晚上10点，主播来陪你这2个小时。

（4）【恭候】

欢迎××来到我的直播间，相遇即是缘分～别忘了，每天下午2：00～5：00宝宝都在这里恭候着你哟！

直播间需要遵循"谦逊原则"，尽量放低姿态，不彰显自己，当然，基于某些目的也可能刻意不采取这项原则。比如，对一些成熟的主播带货王，已经取得不小的业绩，很多粉丝也都是老粉丝，就不太适宜在开播语中过度贬低自己的成绩。正确的做法应该是，在提及自己不足之处时，也要肯定自己取得的成绩。

例如，可以这样说："我们只是按照要求工作，虽然取得了一些成绩，但也不是很到位，和某些合作伙伴比较起来还有不足。作为代表，我只好在这里抛砖引玉，希望大家继续支持，积极交流。"

3.1.4 幽默式：有效活跃直播间气氛

一句话说得人跳，一句话说得人笑，幽默的语言的魅力在于通过委婉、含蓄的表达方式营造轻松活泼的谈话气氛。尤其是当发生一些争论的时候，能化解当时的尴尬局面，回绝对方的不合理要求，表明自己的态度。

◀)) **案例2**

2020年8月16日，雷军在抖音上刚刚做了一场小米成立10周年的直播，开场就很自谦，他说："今天我来这里是被销售部门逼着来的，他们希望我直播带货，说实话我不擅长直播带货。"

类似的案例还有锤子科技创始人兼CEO罗永浩。

◀)) 案例3

罗永浩在很多场合说过十分自谦幽默的话，因此也有了商界的情怀大佬、理想主义者代言人的标签。2020年3月26日，他宣布即将在抖音上直播带货，此信息一出引发了很多网友的疯狂热议。

他在4月1日的首次直播开场中也很谦虚，说："我们准备了很多好东西，基本上不赚你什么钱，就是交个朋友。看到日历，你会觉得这是愚人节，看到东西，你会觉得这不是愚人节，看到价格，你又会觉得这是愚人节，最后你会觉得这到底是不是愚人节？"

这样的开播语为即将开启的直播带货定下了"不为赚钱，只为交朋友"的基调。事实上，真的不赚钱吗？据统计，此次直播收获了极大的转发量和点赞量，截至当晚23：00观众累计超过4800万人，销售额达到1.7亿元，订单量超过84万，打赏音浪收入合计超360万元。

从数据上看，老罗"不为赚钱"只能是一种自谦，也正是这种不赚钱的自谦让他在首次直播中大放异彩，收获满满。这也说明自谦式开播语的效果非常好，能让人风度尽显。

自谦式开播语更适合跨界主播使用，如在其他领域已名声在外，取得不小的成绩，转做主播或者临时做主播者。比如，朱广权、罗永浩等，在各自的领域都属于大IP，要说直播带货都是新手。对于这类人而言，采用自谦式开播语，一来是一种风范，是大家风范的体现，二来也有率性、幽默之意。一个新手假如一开场就讲自己不够格，势必会让粉丝产生离开的念头。

一个主播无论多么能说会道，也很难让粉丝长时间地将注意力集中在自己身上。人的大脑很难在一件事物上保持长期的注意力，太容易疲倦，也太容易走神。一旦你的讲述超过一定时间，观众就会开始感到无聊、困倦，不断低头看时间。解决这一问题的方法是，需要不断给粉丝提供新的刺激，刺激他们的大脑保持兴奋。

3.1.5 情感式：善于打"情感牌"

带货直播间既是一个卖货的场合，也是一个情感交流的场合。因为任何一个主播都不会一开始就卖货，之前必定有一个预热的过程。这个预热过程就是用情感来填充。因此，开头就大打情感牌，来一段情感式开播语准没错。

> 亲爱的家人们，大家好，欢迎各位新进来的家人们，今天是我作为主播，真心地肯请每一位家人在直播间稍作停留。

很多主播之所以能轻而易举地获得粉丝的认可，最重要的原因就是善于运用情感。在带货之前不过多地谈商品，而是大打情感牌，从情感角度出发，找到产品与情感的连接点或某种关联，从而引发粉丝的情感共鸣，让其对产品产生信任和依赖。

打情感牌关键在于找到粉丝的情感需求，明确粉丝有什么样的诉求点，哪一点容易触动消费者的心弦，然后根据诉求适当地运用。

在情感诉求的挖掘上，亲情、友情、爱情三大基本情感是主流。

（1）亲情

亲情是最容易让粉丝感动的一种情感，直播开场语善打亲情牌，可以让整场直播更有情怀，引起大多数粉丝的共鸣。但一定要注意把握好度，否则会让消费者感到过度消费亲情之嫌，反而会有些反感。

（2）友情

打情感牌，不仅仅有亲情，还要善于把友情融入直播中，这是一种更为广泛的情感，几乎每个年龄层的人都可以接受。无论幼儿、年轻人还是老年人都有自己的友谊，而且各有特色。

比如，对成年人而言，由于承受着生活中的各种压力，友情成为这一人群的主要情感支撑。但现在社会流行的某些低俗文化，使友情变得脆弱不堪，因此其也显得友情弥足珍贵，如果将此作为主要诉求点，一定会引起这部分人的心理共鸣。

（3）爱情

爱情很美妙，对粉丝的吸引力较大，但局限性也比较大，前提条件很多，在直播开场中用得比较少，在针对特定受众群体、特定商品时可以运用。

人的感情非常丰富，在直播中将最常见的亲情、友情、爱情作为诉求点，绝对不会错。除此之外，还有几种特殊的感情可用，如表3-2所列。

表3-2　直播中打情感牌的诉求点

情感	在开播语中的运用	示例
节日	我们国家有很多节日，如五一劳动节、十一国庆节、中秋节等，这些节日包含丰富的情感，主播可以以节日为基点进行开场	今天是传统的七夕节，相传牛郎和织女每年只有这一天才能相见。亲爱的家人，你们是不是也想见见最爱的人？今天我在直播间给大家准备了一份福利，可以帮到你，快来关注我吧
社会事件	对于一些重大社会事件、新闻，人们往往会站在自己的角度去表现一种情感，或赞扬，或批判。主播可以以这些事件基点进行开场，引发粉丝的某种情感	前几天，甘肃山地马拉松遭遇恶性天气事件引起各大媒体关注，不知道大家关注没有。本人对运动员的遭遇感到十分痛心。通过这件事情我们也应该反省，大家都是户外运动爱好者，如何保护好自己最重要。 今天我晚上，我向大家推荐一件户外品牌衣服，御寒能力超强……
爱国之心	家国情怀能激发出每个人埋藏在心中的爱国情怀，这种诉求可以让粉丝产生强烈的自豪感	昨天发生了一件令全国各族同胞倍感骄傲和自豪的事情：神舟十二号载人飞船上天了。各位家人们是不是跟我一样刷了一天的视频？是的，很累，但今天我依然坚持给大家直播，你们也要打起十二分精神，多多互动哟

续表

情感	在开播语中的运用	示例
社会 责任感	人人都有社会责任感，希望对这个社会做一点贡献。社会责任感是最容易凝聚人心的，如果话术中带有一点这样的情感很容易带动粉丝，使粉丝产生情感共鸣	亲爱的家人们，大家好，在直播前请容许我占用几分钟的时间宣布一件事情。上期直播中，有个叫××粉丝向我求助，他是××山区的支教老师，他希望我发动一下粉丝为山区的小朋友们捐助一点图书，有此类想法的家人们下播后可以私信我

打情感牌能准确连接粉丝情感，并使其产生共鸣，进而引发粉丝对直播内容的关注。与传统开播语不同的是，这种开播语更擅长挖掘粉丝的心理需求，满足其精神层面的需要，或者激发其潜在情感，催生其产生新的购买欲望。

3.2 讲好开播语的技巧

3.2.1 语言规范，体现出自己的职业性

主播在直播过程中需要使用规范的语言，这既是职业性的体现，也是广大粉丝及平台的要求。直播作为一种新的媒体，主要任务就是向大众传播信息，那么，主播就需要迎合最广大粉丝群体的接受能力，用最容易理解、最通俗的语言，让不同年龄段、不同文化层次、不同地域的粉丝都能听得明白。

语言的规范性主要体现在3个方面，如图3-4所示。

图3-4　语言规范性的3个体现

（1）讲普通话

通常来讲，直播平台是不允许主播以地方方言进行直播的。以快手为例，快手明确规定，主播必须使用普通话进行直播，讲地方方言的主播会受到不同程度的惩罚。快手将不规范的地方方言列为直播审核红线之一，如图3-5所示。

（2）语言通俗化、大众化

语言的规范性还体现在是否通俗易懂上。按规定，主播最好不要使用过于专业的语言，因为太过生僻的、专业的、复杂的语言以及难以理解或可能会造成混淆的用语，理解难度

图3-5　快手对直播语言的要求

大，会让粉丝产生疑惑。如果出于内容需要，必须要使用专业性的语言，也要力争化繁为简，用大多数人能听懂的语言来表达。

（3）不使用违禁语

语言的规范性还体现在用词的选择上，不能使用平台明令禁止的词语。就平台而言，为便于统一管理，各大直播平台会颁布明确的语言规范，限制和约束主播的语言行为。例如，抖音平台就明确了直播语言中不能出现的敏感词，如表3-3所列，对于违规者会做出警告、停播、封号等不同等级的处罚。

表3-3　抖音直播中不能出现的敏感词汇

抖音直播中不能出现的敏感词汇	
严禁使用极限用语	严禁使用国家级、世界级、最高级、唯一、首个、首选、顶级、国家级商品、填补国内空白、独家、首家、最新、最先进、第一品牌、金牌、名牌、优秀、全网销量第一
	严禁使用全球首发、全国首家、全网首发、世界领先、顶级工艺、销量冠军、第一（NO.1/Top1）、极致、永久、王牌、掌门人、领袖品牌、独一无二、绝无仅有、史无前例、万能等
	严禁使用最高、最低、最、最具、最便宜、最大程度、最新技术、最先进科学、最佳、最大、最好、最新科学、最先进加工工艺、最时尚、最受欢迎、最先等含义相同或近似的绝对化用语
	严禁使用绝对值、绝对、大牌、精确、超赚、领导品牌、领先上市、巨星、著名、奢侈、世界/全国×大品牌之一等无法考证的词语
	严禁使用100%、国际品质、高档、正品等虚假或无法判断真伪的夸张性表述词语
违禁时限用语	限时须有具体时限，所有团购须标明具体活动日期，严禁使用"随时结束、仅此一次、随时涨价、马上降价、最后一波"等无法确定时限的词语

续表

抖音直播中不能出现的敏感词汇	
违禁权威性词语	严禁使用"国家×××领导人推荐、国家××机关推荐、国家××机关专供、特供"等借国家机关、国家机关工作人员名称进行宣传的用语
	严禁使用"质量免检、无须国家质量检测、免抽检"等宣称质量无须检测的词语
	严禁使用人民币图样（央行批准的除外）
	严禁使用"老字号、中国驰名商标、特供、专供"等词语（唯品会专供除外）
严禁使用点击××词语	严禁使用疑似欺骗消费者的词语，例如"恭喜获奖、全民免单、点击有惊喜、点击获取、点击试穿、领取奖品、非转基因更安全"等文案元素
严禁使用刺激消费词语	严禁使用激发消费者抢购心理的词语，例如"秒杀""抢爆""再不抢就没了""不会再便宜了""错过就没机会了""万人疯抢""抢疯了"等
疑似医疗用语	严禁使用消炎、减肥、镇定、防癌、抗癌、祛疤、改善内分泌、平衡荷尔蒙、防止卵巢及子宫的功能紊乱、去除体内毒素、吸附铅汞、除湿等
迷信用语	严禁使用带来好运气、增强第六感、化解小人、增加事业运、招财进宝、健康富贵、提升运气、有助事业、护身、平衡正负能量、消除精神压力、调和气压、逢凶化吉、时来运转、万事亨通、旺人、旺财、助吉避凶、转富招福等

可见，直播语言必须规范，是多个层面的要求，尤其是平台方的要求，带有强制性。然而，在目前的直播中，语言失范现象却频频出现，受平台处罚的主播也大有人在。那么，如何来尽量地纠正这种现象呢？这就需要明确语言失范现象，然后有针对性地改正。

3.2.2 保持微笑，缓解初次面对镜头的尴尬

每位主播在面对镜头时，都会或多或少有那么一点尴尬，新主播就更不用说了，90%的人都有。即使非常成熟的老主播，受内外部多种因素的影响，也难免会有这种情况发生。遇到这种情况时，最好的解决方法就是保持微笑。

🔊 **案例 4**

烈儿宝贝是淘宝头部主播之一，被评为2017年最具影响力主播、2019年最具品牌价值主播，还是2018年雅加达亚运会火炬手，阿里巴巴2019年脱贫攻坚公益主播。她之所以如此受欢迎，很大一部分原因就是其独一无二的微笑，被誉为"女神级微笑"。她的笑感染力非常强，很大一部分粉丝就是被她的笑容迷倒的。

微笑是世界上最美的"语言"，令人心情愉快，是人际交往的润滑剂，能带给人积极的、美好的心理体验。俗话说："面带三分笑，好事跑不掉。"

微笑，这种不需花一分钱、不会费太多精力就可以拥有的交际之术，比任何技能都实用得多。然而，很多主播不会微笑，或者说不懂得如何笑，致使其失去了很多粉丝。

线下的日常生活中，没有人愿意看冷漠的表情，同样，线上直播也没有人愿意为主播愁眉不展的脸买单。粉丝希望在与主播的互

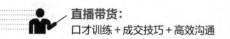

动中体会到温暖与愉快。微笑是最直接、最有效占领他们心理阵地的武器。

微笑作为直播间的一种交流工具,不是随意地笑,除了要发自内心,还需要讲究技巧,这就需要反复练习。微笑虽简单,但也需要练习,没有经过训练是笑不出来的,也是不会笑的,主播可以采用以下步骤来训练。

(1)明确微笑的种类

会笑的主播能给粉丝带来心理上的美好感受,不会笑的主播则会让粉丝感到无趣。要学会微笑,首先要学会区分微笑的种类,然后才能正确应用。微笑的3种类型如图3-6所示。

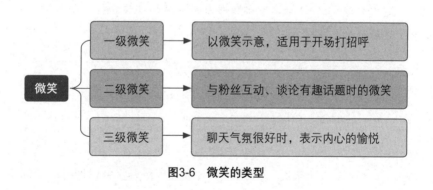

图3-6 微笑的类型

从图3-6中可知,微笑分为3种,分别运用于3个不同的直播阶段。其中,只有一级微笑适用于开播语,在直播的开场中,一般来讲只要轻轻微笑、示意一下就可以了。

（2）增强嘴部肌肉的弹性

嘴角是微笑时最关键的部位，嘴角掌控得好，笑起来就和谐多了，因此微笑需要增强嘴部肌肉的弹性。

嘴角肌肉的训练可以按照如图3-7所示步骤进行。

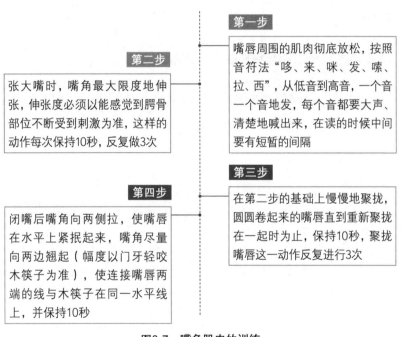

第一步

嘴唇周围的肌肉彻底放松，按照音符法"哆、来、咪、发、嗦、拉、西"，从低音到高音，一个音一个音地发，每个音都要大声、清楚地喊出来，在读的时候中间要有短暂的间隔

第二步

张大嘴时，嘴角最大限度地伸张，伸张度必须以能感觉到腭骨部位不断受到刺激为准，这样的动作每次保持10秒，反复做3次

第三步

在第二步的基础上慢慢地聚拢，圆圆卷起来的嘴唇直到重新聚拢在一起时为止，保持10秒，聚拢嘴唇这一动作反复进行3次

第四步

闭嘴后嘴角向两侧拉，使嘴唇在水平上紧抿起来，嘴角尽量向两边翘起（幅度以门牙轻咬木筷子为准），使连接嘴唇两端的线与木筷子在同一水平线上，并保持10秒

图3-7　嘴角肌肉的训练

（3）配合表情

微笑要与表情配合才更有魅力，我们常说"眉开眼笑""眉飞色舞"就是这样的效果。有的人在微笑时面无表情，看上去就很僵硬，难免会给对方留下假惺惺的感觉。正确的微笑要求眉毛要舒

展，眼神要炽热，目光要坚定等。眼睛是心灵的窗户，善用眼部表情，会让微笑平添几分魅力。

微笑在直播中发挥着极大的作用，无论面对熟悉的粉丝还是新粉丝，只要不吝微笑，就会收到意想不到的效果。所以，一位优秀主播人员必须练习如何微笑，用微笑去影响粉丝，以得到更好的交流效果。

3.2.3 情绪饱满，引起粉丝的情感共鸣

一个人的情绪始终影响着自己的行为，情绪饱满对行为有积极的影响。曾有心理学家用动物做过一个实验，具体如下。

◀))) 案例 5

实验者在两间房中同时镶嵌有多面镜子，然后各放进一只猩猩，一只性情温顺，另一只性格暴烈。当温顺的猩猩进入房间里时，看到镜子里面有许多"同伴"，高兴地同它们打招呼，很快它就融进了这个新的"群体"，奔跑嬉戏，关系十分融洽。那只性格暴躁的猩猩从进入房间的那刻起，就视镜子里的"同伴"为敌人，并凶神恶煞，不断与这些"新朋友"打斗。

3天后，两只猩猩的处境截然相反，温顺的猩猩恋恋不舍，久久舍不得离开房间，而暴烈的猩猩早已因气急败坏、心力交瘁而死亡。

由此，心理学家得出一个结论：行为时刻受情绪的影响，好的情绪对行为有积极的作用，坏的情绪对行为有消极的作用。这种现象被称为"态度效应"，将这种效应引用到人身上，也非常适用。

比如，有的主播第一次做直播，明明知道不会有太好的反响，但依然以饱满的情绪对待，表现出最大的诚意。结果，由于受到情绪的影响，其一言一行、一笑一颦都那么吸引人，积极的态度可以从表情、语言上表现出来。

情绪影响行为，好的情绪能引起对方的情感共鸣，提升开场效果。主播在镜头前需要较好地表现自己，才能在整个直播的过程中有效调动观众的积极性，让观众一直留在直播间。

尤其是身处顺境时，要始终保持良好的情绪。然而，有些主播或许是经验不够，或许是紧张，或许是说话习惯问题，在直播时表现得很冷淡。那么，在与粉丝交流时，如何才能最大限度地保持高涨的情绪？可从以下3点加以调节，具体如图3-8所示。

图3-8　主播保持高涨情绪的3个做法

（1）说话时注入情感

同样一句话，在不同的语境中表达的意思是大不一样的，这是因为说话者在表达时注入的情感不同。

比如，对于正在热恋中的恋人来说，"我爱你"是非常温馨的一句话；而对于正在闹别扭的恋人而言，可能就是一种推托之词。所以，说话时必须结合情感，注入积极的情感，让自己说出的每句话都饱含积极意味，只有这样才能从内心深处感动粉丝。

（2）不要与粉丝发生争吵

在直播中，初次与粉丝交流，一定要尊重对方，即使遭到对方的异议，作为主播也应该给予其足够的尊重。如果这个时候仍一味地争论，非要分出谁对谁错，那么，接下来的直播间气氛就会陷入尴尬。

表现出理解、尊重，是先稳定粉丝情绪。也许有的人想不通，粉丝对我无理，我还不能表达出来吗？答案是不能，在开播语中，如果粉丝打断了你说话，那就暂时停下来，什么都不要讲，只管集中注意力去听就够了。千万不要管粉丝在谈论什么，粉丝喜欢与你谈话就说明对方还是信任你的，不要与其争吵、插话，不妨静下心来认真倾听。

（3）积极回应粉丝的提问

一个主播很可能会面对很多粉丝的同时提问，这个时候一定要先听，然后再给予积极回应。同时，在这个过程中要不断地思考，鼓励粉丝说下去，必要时把粉丝所讲的重要内容强调一遍。这样粉丝自然会感激你，认为自己被尊重，心理上会产生满足感。这时当你再提出意见或表达观点时，他们也会同样主动配合。

3.2.4 预报内容，让粉丝主动留下来

开场环节更多的是主播通过"说学逗唱"调动直播间气氛，没有太多的干货，此时，为了让粉丝留下来，主播可以适当预报直播内容，引起粉丝的好奇。

预报直播内容的核心就是"吊胃口"，当主播吊足粉丝的胃口时，粉丝也会对后续的直播内容充满好奇。但是，如果是纯粹地吊胃口，反而会使粉丝失去耐心，产生逆反情绪。

🔊 案例6

有一位主播是这样预报直播内容的："大家想知道后面的直播内容吗？"粉丝纷纷回应："想！"

主播又接着说："现在就说出来好吗？"粉丝说："好！"主播又说道："真的好吗？"

粉丝们没说话，都走了。

这充分说明在吊粉丝胃口时要把握尺度，太过则很难让预报真正发挥应有的效用，甚至会适得其反。那么，如何做好内容的预报呢？可以采用图3-9所示的3个措施。

图3-9 做内容预报的3个措施

（1）隐藏关键内容

预报直播内容时，主播可以说出后续的内容框架，但要注意隐藏关键内容。通常来讲，需要隐藏的关键内容包括图3-10所示的3个。隐藏部分内容可以吊足粉丝的胃口，让他们坚持观看直播，期待关键内容的出现。

图3-10 可隐藏的3个关键内容

1）隐藏曲目

对于大部分歌唱类主播来说，粉丝都知道主播的主要直播内容就是唱歌，但究竟唱什么歌呢？主播可以在开场时就做出提示，但要隐藏具体曲目，比如，"今天我要唱一首周××的歌，虽然我的粉丝里有很多周××的歌迷，但这首歌可能只有少数人听过，我很喜欢这首歌，虽然它很难唱"。

2）隐藏舞场

舞蹈类主播则可以在舞场上做出新意。在粉丝见过太多户内舞蹈时，主播可以选择户外直播，并隐藏舞场，引起粉丝的好奇心。比如，"今天这么好的天气，怎么能闷在家里呢？我决定带大家看看户外的风景。大家猜我会去哪里直播呢？同城的粉丝朋友要注意保密。"

3）神秘嘉宾

有些主播会选择邀请嘉宾共同表演，借助嘉宾的吸引力来增加直播间的流量，此时，主播则要隐藏好神秘嘉宾的身份，比如，"接下来，我会与一位神秘嘉宾共同表演一个节目，他是很多人眼中的'歌神'，也是我心中最帅的男神，粉丝们不要太惊讶哟！"

（2）让直播内容实现联动

是什么能让人每晚8点准时坐在电视机前呢？当然是黄金档的热播剧。主播要让粉丝留下来，同样需要让直播内容联动起来，把直播制作成一部欲罢不能的连续剧。每次直播开播，就是一集新的剧集，粉丝当然会一直追下去。

例如，有主播这样预报直播内容：

> "上一期我唱了林俊杰的5首好歌，这一期将继续唱完林俊杰的十大金曲，大家可以猜猜看，这一期是哪5首歌呢？"

1）设计直播内容

要让直播内容联动起来，主播就要做好设计，摆脱"期"的概念，而是以"季"的理念来设计直播内容，比如林俊杰十大金曲、杭州打卡地热舞。

2）注意粉丝反馈

根据粉丝的反馈，主播同样需要对节目内容进行及时调整。如果粉丝不想看杭州自然景区的热舞，则主播可以及时调整到网红商区。

（3）预报活动内容

只要主播具有一定的特色，粉丝在第一次观看直播时大多会产生新鲜感，可能会点下关注，甚至送出几个小礼物。但看上三五次之后，粉丝就会感到腻味，从而转到别的主播那里去。

正因为如此，预报直播内容就是要告诉粉丝：我这期节目很特别、很新鲜，留下别走。前面说的隐藏曲目、舞场或是邀请神秘嘉宾，都是为直播增加新鲜感的手段。

如果直播内容难以做出太多新意，主播也可以在直播中加入更多的活动，如速发红包、整点红包雨等，用红包来留住粉丝。

第4章

商品推介话术：突出商品卖点，让粉丝欲罢不能

商品推介话术是直播间带货话术中最核心、最重点的内容，必须全面掌握其方法和技巧，否则货就很难推销出去。在介绍话术中，卖点的介绍又是重中之重，既是商品优势的体现，又是促使粉丝购买的决定性因素。

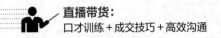

4.1 抓住商品要点：把商品成功推出去

4.1.1 直接讲商品优势，直击粉丝痛点

商品的优势往往是最大卖点，卖点是USP的通俗叫法。USP，即"独特的销售主张（unique selling proposition）"，表示"独特的卖点"。一种商品对粉丝是否有足够的吸引力，与自身是否有独特卖点有很大关系。因此，主播向粉丝介绍商品时，有非常重要的一点不可忽视，那就是挖掘商品优势，并以此为基础形成商品卖点，让粉丝充分了解商品的独特之处。

◀))) 案例1

> 看看下面这位主播是如何推销一款牙刷的，连续讲该牙刷的优点，不断给粉丝制造惊喜，刺激其购买欲望。
>
> 这是××牙刷，在我们直播间第一次秒杀，××明星同款。这款牙刷非常好，天鹅绒牙刷，是他们家最好的，不伤牙齿，清洁力很高，刷毛很细很细，只有0.01mm的细毛，柔中带韧，性价比超高，我们直播间只卖超市的半价不到。

任何商品都有它的优势，在带货中要重点对商品的优势进行介绍，并将其包装成最大卖点。"人无我有，人有我优"，通过扬长避短增加商品含金量。因此，对商品优势的挖掘，也是主播的核心工作，只有把这点做得足够好，才能真正让粉丝下单。

然而，很多主播在对商品优势的挖掘上做得并不好，有些主播连商品有哪些优势都不清楚，有的主播尽管清楚，但没有结合粉丝需求去分析，全然不考虑是否说到了点子上。结果往往就是出力不讨好，虽然介绍得很多，也很难打动粉丝。

接下来，我们就全面介绍一下如何挖掘商品的优势。

（1）对商品有足够的了解

作为带货主播必须对自己直播的内容了如指掌，尤其是关于商品的内容，当粉丝提出问题时，要能够积极回答，帮助粉丝解答疑惑，以让粉丝看到自己的专业性，增加订单成交量。如果主播掌握的商品资料不够详细，建议招商的时候找商家要，经常找主播合作的商家都有做好的商品资料，对商品没有足够的了解，粉丝问一个问题，一问三不知，显得特别不专业。

（2）总结商品的优势体现在哪些方面

对于商品的优势，通常可以通过多个方面去挖掘，常见的如图4-1所示。

需要注意的是，一种商品可能会有很多优势，但在具体介绍时并不是说得越全越好、越多越好，而是重点介绍一个核心的优势，其他非核心的内容稍微提一下即可。

比如，卖一款面膜，如果你将所有的优点都介绍，如既能美白又能补水，还能消除皱纹等，到最后粉丝可能连该面膜具体有什么优势也搞不懂，甚至觉得跟其他牌子差不多，这种眉毛胡子一把抓的介绍方式不可取。

图4-1　商品优势包含的内容

正确的方式是简简单单，围绕一个核心卖点进行介绍，比如，美白功能很强大，同时把强大的原因介绍出来，是因为含有××美白因子之类的黑科技，以及这些美白因子的功效，若能渗透肌肤，肌肤毛孔的垃圾多少小时可清理干净等。总之，功能很强大，强大到同类商品望尘莫及的地步，其他商品的功效仅有这款的一半等。

所以，主播在介绍商品优势时，必须有主有次，有针对性，抓重点，不能照本宣科地介绍。

4.1.2 卖点利益化，增强获得感

主播要留得住人，一方面要基于自身的业务能力，另一方面得让粉丝知道自己的直播间能让他们得到什么。著名营销大师科特勒曾说："推销并不是以最精明的方式兜售自己的商品或服务，而是

一门为客户真正创造价值的艺术。"这句话的核心是客户最关心的永远是自己的利益，关心的是购买商品后能获得什么好处。

与此同时，判断一种商品的价值，也是看该商品能帮助客户解决多少问题。因此，主播在介绍商品优势时，一定要结合利益点，明确地告诉粉丝它能带来什么好处。从这个角度看，一名优秀的主播一定要将该商品最独特、最核心的利益展现出来，让粉丝感觉到买得物超所值。

那么，如何最大限度地体现商品利益呢？具体做法如图4-2所示。

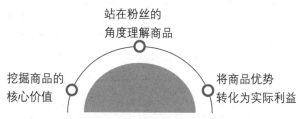

图4-2　体现商品利益的3大做法

（1）挖掘商品的核心价值

一种商品之所以区别于其他同类商品，最根本的就是核心价值的不同。任何一种商品都有自身的核心价值，这也是其能打动客户的真正原因。一种商品的价值通常有很多，而核心价值往往只有一个。因此，主播如何准确锁定商品的核心价值，往往会成为挖掘商品利益的关键。

那么，直播人员必须挖掘商品的价值，商品的价值主要体现在如表4-1所列的几个方面。

表4-1　商品的核心价值的体现

商品价值	地位
品牌	品牌是商品不可分割的组成部分，一个品牌商品必然有着强大的品牌影响力。同时，品牌也是客户在购买商品时非常看重的一个方面，这也是名牌商品总能够受人欢迎的主要原因。商品的品牌形象、市场占有率是否处于有利的地位都对客户有重要影响
商品属性	商品属性往往体现了商品的核心价值，一个商品价值大小，与其他商品有什么区别，最根本的都取决于自身的属性。假如商品在某个属性上有绝对优势，那这个优势将会成为战胜竞品的决定性因素
附加服务	在体验至上的商业社会，服务已经成为商品的标配，良好的服务能极大地提升商品的价值，打开市场，吸引消费者。这些服务不仅包括售后服务，还包括售前和售中服务
特殊价值	特殊利益是指商品在满足客户常规需求之外的其他要求。例如，衣服除有保暖御寒、遮风挡雨这些常规价值外，有时候还有艺术价值；古人的画作除有欣赏价值之外，还有历史文化价值

核心价值是商品的终极追求，是一个商品营销传播活动的原点，即企业的一切价值活动（直接展现在消费者面前的是营销传播活动）都要围绕商品的核心价值而展开，是对商品核心价值的体现与演绎，并且能强化商品的核心价值。

（2）站在粉丝的角度理解商品

在商品介绍时，主播一定要能让粉丝听得懂，从真正维护粉丝利益的角度去理解这些商品。也就是说，主播说的每一句话要都能触动粉丝的心。

比如：

> ① 这款洗碗机的除菌能力高达99%，大家可以放心购买。
>
> ② 这款洗碗机可以消除餐具上99%的残留细菌，家人使用我更放心。

①就像商品说明书一样，过于死板，打动不了粉丝；而②将家人的健康作为说服点，粉丝听完之后，就会不自觉地产生联想。

（3）将商品优势转化为实际利益

商品实际利益即粉丝购买商品之后能获得好处，包括商品性能、质量带来的实惠，也包括品牌声誉带来的心理满足。

然而，商品优势并不等于利益，在直播过程中需要结合粉丝需求，将商品所具有的优势转化为实际利益。主播介绍商品时不能只介绍它是什么，而是要介绍它能给粉丝带来什么，用利益打动粉丝，粉丝不是因为商品本身而购买，而是因为它能带来的更多利益而购买。

4.1.3 多重复几次，强化大脑记忆

人的大脑会本能地对所接收的信息进行取舍，这说明人在接收外部信息时并不是来者不拒。这必然会限制交流的效果，心理学上

有重复定律，讲的就是任何行为在不断重复中都能得到强化。

做直播带货也一样，当介绍商品的某个优势时，讲一次肯定是很难被记住的，但如果能多重复几次，这个优势势必会在粉丝头脑中得到强化，使其潜移默化地去接受。

直播间往往是多人即时交流，多人交流就很容易出现信息不对等的现象，使一方很难完全领会另一方的意思。一项研究表明，人与人之间谈话，参与的人越多，信息被接收的程度越低，从对方谈话中获取的信息越少。

其实，改变这种状况也是非常容易的，那就是要运用重复定律，把粉丝想知道的信息多强调几遍，以重复的方式传达给对方。当然，这种重复是讲究技巧的，不能像鹦鹉学舌一样单调枯燥，否则不但起不到强调的作用，还会影响直播间的互动。

那么，应该如何重复介绍呢？有以下3项内容需要特别注意，如图4-3所示。

重复欢迎语、自我介绍和感谢语　　重复重点信息　　重复粉丝提出的疑问

图4-3　重复介绍的注意事项

（1）重复欢迎语、自我介绍和感谢语

在整个直播过程中，会不断有新粉丝进入直播间，因此主播需要隔一段时间就重复一下欢迎语和自我介绍。这样有利于新加入直播间的粉丝认识自己，参与到当前的话题讨论中来。

比如：

> 进入直播间的小伙伴们，关注一下主播，主播每天都会为大家带来福利，更多更大的福利，天天有，没关注的赶紧关注一下。

感谢语主要用于粉丝关注你或下单后，当有人关注你或下单后，弹幕就会发出提示，这时主播要向粉丝表示感谢，这也是对粉丝的一种尊重。

（2）重复重点信息

对每句话重复是毫无意义的，哪些话需要重复，哪些话不需要重复，主播要有明晰的判断。对于重点信息，要多重复几次，也许你说了3分钟，可能只有几十秒的话或几个关键字词是重点，其他的都是渲染和铺垫。这时就需要对这几十秒的话或关键字词再重复一次，只有让粉丝听清楚重点内容，才不至于有反感之嫌。

◀)) 案例2

淘宝头部主播陈洁kiki在推荐一款包时，就采用了对重点信息进行重复的说话技巧：

> 接下来是这个包包，很好看，非常好看，超级好搭。最近上的包太小了，好多宝宝都说K姐，来点大的，这个包包很好背，真的很好背，搭什么都能搭，怎么背都可以，大衣、针织衫全都可以。

比如，直播间通常都有大额优惠券，这是促使粉丝下单的主要手段，能通过更加优惠的方式买到自己喜欢的东西是所有人的心理共性。

这个时候，主播在介绍商品时就可以多次强调"优惠券"这一点，告诉粉丝在我这里购买是最优惠的。

主播可以这样说：

> 现在下单购买的小伙伴们，千万不要忘了抢优惠券哟，使用优惠券，这款商品到手只需要××元。

> 各位小伙伴们，这款商品，我为大家拿到了非常优惠的价格，现在领取优惠券可以直接减少××元！

（3）重复粉丝提出的疑问

当介绍完商品后，粉丝往往会提出问题，这时作为主播要有意识地重复粉丝的问题，然后给出解答。这种重复是对粉丝的一种肯定，还可以给自己留有回旋的余地，可以间接使沟通深入下去。即面对粉丝的疑问，如果回答得完美，对方会感到很满足，如果回答不尽如人意，对方也很难再次发难，甚至会被你的认真、负责感动。

很多主播在直播卖货时会犯一个错误，那就是自说自话，这是直播卖货最忌讳的一点。总之，在直播过程中，适当的重复是非常有必要的。毕竟，主播与粉丝之间隔着手机屏，这道屏就像横在双方中间的一堵墙，大大增加了交流的不稳定性，你很难知道粉丝在你介绍商品的时候在干什么。有的会暂时离开，有的会被其他事情打扰，注意力并没有那么集中，还有的可能在串门，反复进出直播间，这都会大大影响交流的效果。为了尽可能地弥补这种缺失，重复是一种非常好的谈话技巧。

重复说一个词或一句话，对于普通聊天来说，也许会让人厌倦，但对于主播来讲却是非常有意义的。适当重复可以强化自己所说的话在粉丝潜意识中的记忆效果，促使对方做出有利于自己的决定。

不过，也要注意重复的次数，有的主播错误地认为多强调一次就可以加深在粉丝心中的印象，因此，一句话会连续重复多次。事实上并不需要这样，强调的次数与印象的深刻程度并非成正比。有时候一句话重复得多了，只会让人觉得你在敷衍、很虚伪。

4.1.4 赋予特定标签，形成特定的印象

标签的力量很神奇，日常生活中，我们每个人都或多或少地在

给他人贴标签或被他人贴标签，如好与坏、勤奋与懒惰、聪明与糊涂等。这些标签一旦被贴上，我们就很容易按照标签去行事。有心理学研究表明，小偷之所以最后真因偷盗而罪犯，大多数是由于小时候被贴上了"小偷"的标签；同理，乖孩子在被贴上"乖""聪明"的标签后，也会向好孩子的方向成长，逐渐变好。

🔊 **案例3**

> 如果你是一个苹果迷，一定会注意到苹果主要的一个亮点就是清新脱俗的外观。苹果手机十分注重外观，每一代商品都会有所不同，也成为其他品牌纷纷效仿的楷模。
>
> 苹果另一个有个性的地方是它的营销策略，我们通过新闻和媒体都知道，苹果很多商品在其推出前后就会出现供不应求的现象。例如，iPhone5的问世，全球很多国家都出现了抢购现象，像春节回家购火车票似的，排队抢购。其实，这正是苹果的一种营销策略：提前上市，但量很少，目的是给客户一种"物以稀为贵"的感觉。

由此可以看出，正是"苹果"给自己贴上一个个"个性"标签，才使得其在全球市场屡次刮起畅销风。作为主播也可以从中得到一些启示，即转变思路，尽量突出商品的"新""奇""特"等特征。这些特征即是"个性"，给商品贴上个性标签，去迎合粉丝的追求新奇的心理。

为了对消费者产生一种特定的影响，主播也可以给商品贴上一定的标签，这些标签在很大程度上会影响粉丝的消费。那么，对于直播中的商品，要为其贴上哪些标签呢？通常有以下3个，如图4-4所示。

个性化　　　　　实用性　　　　　高品位

图4-4　为直播商品所贴的标签

（1）个性化

年轻的消费者往往是流行时尚的消费群体，他们富于幻想、勇于创新，趋向求新求美，容易接受新鲜事物。其对时髦的商品特别敏感，非常注重商品的美观、新异。

年轻的粉丝好奇心特别强，往往爱慕虚荣，追求时尚，对于那些新鲜、流行的事物往往都很钟情。所以，他们的购买范围较小，往往集中在少数的几个品种之间。主播要知道他们的这种购买心理和习惯，介绍时一定要突出商品的"新""奇"等主要特性。

（2）实用性

相对于年轻粉丝来说，中年粉丝在购买商品时更多的是看重商品的质量，注重商品的实用性。因此，面对中年粉丝群体时，主播首先要用高质量的商品来获取对方的信任。只有把商品与他们的事业、生活、家庭紧密地联系起来，认真、亲切地与他们交谈，才能更容易地取得他们的信任。

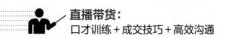

（3）高品位

大多数人在追求商品的实用性的同时，也注重商品的品质、品位等方面的价值。他们在购买商品时，往往会讲究商品是否高雅、是否有品位。因此，他们在买东西时，经常会问："这是什么牌子的？""这是哪里生产的？"

值得一提的是，商品的个性既不能脱离市场，也不能脱离商品实际。商品特色的体现是针对商品自身、消费者需求而言的，盲目地追求新、奇、特，即使商品看似很有特色，消费者也很难接受。

4.2 掌握推介技巧：有效激发粉丝的购买兴趣

4.2.1 正确用词，向粉丝精准传递信息

一个优秀的主播对自己的语言要求是非常高的，自己说的每一句话、用到的每一个词都要经过严格的考量。纵观很多知名主播直播的细节，有心人会发现充满了定位理论的布局，连那些看似不经意的口头禅，都是通俗、好记、强化印象的重要标签。正确用词的目的是精确表达，向粉丝准确无误地传递商品信息。

那么，如何来精准用词呢？可以按照如图4-5所示的3个标准入手。

选择有积极意义的词

选择描绘性的词语

避免用生僻词

图4-5　精准用词的3个标准

（1）选择有积极意义的词

为了获得粉丝的信任，在措辞上要十分讲究，尽量少用否定的、含混不清的词语，比如，困难、复杂化、未经验证的、实验阶段的、麻烦的、有问题的，等等。相反，要多用有积极意义的措辞，在言谈中要表达出自己的自信、坚定，以把自己积极的一面传递给对方。只有这样，才能在情感上引起对方的共鸣，从而打动对方的心，获得对方的认可。

比如，双方预约见面，你迟到了可能会说："很抱歉让您久等了。"这是为感谢对方长时间等候常用的说法。但是这样说不合适，因为"抱歉久等"实际上在潜意识中强化了对方"久等"这种感觉，理想的表达方式应该是这样的："非常感谢您的耐心等待。"这句话是感谢粉丝的等待，就很好地回避了上述意思。

（2）选择描绘性的词语

主播在介绍商品时，不必一板一眼，可以运用一些描绘性的词语，让商品更形象，可以促使粉丝对商品产生一种愿景，更容易打动粉丝的心。

（3）避免用生僻词

很多商品的说明都非常专业化，其中很多专业名词都是粉丝平时很少遇到的，对于主播来讲，也许很容易理解，但是对于相对外行的粉丝来说则比较困难。主播在向粉丝介绍的时候，要避免使用粉丝不熟悉的、生僻的词，必要的时候可以转换成通俗易懂、令人感到亲切的语言。

4.2.2 善于概括，尽量缩短介绍时间

在直播间介绍商品不像在商品发布会上那样要字正腔圆、完整地介绍，只需用简练的语言介绍即可。

其主要原因有两个：第一，直播带货商品介绍的黄金时间通常只有5分钟，这5分钟内如果无法介绍完商品的核心信息，粉丝的注意力可能就会被分散，甚至会关闭直播间，转投下一家。第二，直播互动注重的是氛围轻松、言简意赅，对商品功能的介绍不全不要紧，但一定要让粉丝听进去。所以，主播在向粉丝介绍商品时千万不可过多赘述，而是要认真思考，先进行一番总结，将粉丝最需要的东西传递出去。

那么，具体应该怎么做呢？这需要主播有很强的概括和总结能力，一般来讲需要做足3个方面的工作，如图4-6所示。

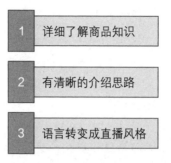

图4-6 主播概括和总结前应做的3项工作

（1）详细了解商品知识

大多数主播之所以无法将商品很好地展示给粉丝，最主要的原因就是对商品的了解不够。因此，主播在推荐某类商品之前，一定要成为该领域的"专家"，充分理解商品知识，并融会贯通。

做直播带货，先有主播然后才有直播，而作为主播，首先必须具有扎实的商品知识。如果你能像修车师傅那样熟悉汽车，像理财分析师那样懂得理财的话，一定能够抓住商品精髓，并转化为自己的语言，言简意赅地表达出来。

（2）有清晰的介绍思路

主播向粉丝介绍商品时要有清晰的思路，如先介绍什么后介绍什么，哪些需要重点介绍，哪些需要一笔带过，一定要明确。有很多新人主播面对粉丝心中一团乱麻，思路乱了，说话自然就会乱，还没开口就乱了阵脚。

优秀的主播总是能够有条不紊、娓娓道来，这源于其具有超强的基本功。也就是说，主播在推销商品过程中必须保持清醒的头脑、明晰的思路，引导粉丝喜欢上自己推销的商品。

（3）语言转变成直播风格

主播一定要以直播的语言和粉丝喜欢的方式去介绍商品，只有让双方进入一种最佳状态才能达到较好的沟通效果。如果主播总是以推销性语言交谈，很有可能会被对方忽视。因此，在向粉丝介绍商品之前，主播要调整自己的语言，将推销语言转化为社交性的语言。

简单、精练的介绍需要主播不断总结、不断思考，平时就把重点内容标出来，在谈话过程中突出重点。值得注意的是，简单、清晰的表达，并不是为了追求简单而断章取义，致使粉丝无法完全了解商品信息。

4.2.3 讲述故事，增强话术的感染性

主播与粉丝交流，不能只是停留在商品层面，而是要深入情感层面。那么，如何从商品层面过渡到情感层面，并进行两者的关联呢？最好的方式就是讲故事。故事是富有情感的，可以将冷冰冰的商品与人的情感巧妙结合起来。一个好故事可以引导粉丝快速了解品牌、商品的价值，可以快速点燃粉丝的购买激情。

因此，主播在介绍商品时要融入与商品有关的故事。可以是创立和发展过程中有意义的事件，创始人奋斗史。也可以是商品生产故

事。它能体现品牌理念，加深消费者的品牌认知，增强品牌吸引力。

🔊 案例4

一位主播在推销BOSS西服时，就讲了这样一个故事：

韩国DDANZI日报社长金语俊年轻时，在欧洲背包旅行，看中了一套折合120万韩元，也就是7200元人民币的BOSS西服，而当时他手头上只有125万韩元。思忖再三，他还是买下了这套西服，并穿着它去火车站为宾馆老板拉客。由于穿着BOSS西服，拉客十分顺利，利用提成，他挖到了人生的第一桶金。

很明显，7200元一套的西服已经有些超越他的消费能力了，但还是坚持买了。这个故事告诉我们，装点门面并没有错。有品质的衣服往往会折射出持有者的优雅气度和不俗品位，是一种不言而喻的身份定位。

这里的知名品牌不用过多介绍，大家都知道，哪怕不懂其背后的故事，也知道那是一个信得过的品牌。带货时，有品牌知名度、美誉度的商品要比没有这方面优势的商品好带得多。

这里也算提点建议，主播在选商品时尽量选择品牌商品，其自带流量，与普通商品相比成交率的差距真的很大。消费者买热水器的时候，很多人会选择史密斯，而不会选择万家乐，原因就在于前者的品牌知名度和美誉度明显比后者高，对于后者，虽然听过，但没有经常听过，就不会选择。

对于缺乏品牌知名度的商品，就需要增加一点品牌故事了，这在一定程度上会深化粉丝对商品的理解。比如，讲讲该品牌的创立，创始人有什么样的经历，在生产制造过程中如何追求工匠精神等。

把一些品牌的故事口述出来，与单纯地介绍商品的成分和功效给粉丝的认知感是不一样的。所以，在带货时，尤其是当带的是小品牌、新品牌时，主播要经常在直播间中重复关于这种商品的故事，包括商品链接、进入的商品详情页，也要讲品牌故事，使其不断地出现在粉丝的脑海中，加深印象，后面再介绍商品的成分、功效等，会显得有底气，粉丝心里也觉得有保障。

以讲故事形式直播，最大的好处就在于能与粉丝进行互动，分享得越多，粉丝的参与度就越高；参与度越高，对方就会越信任你。通过这样的一个过程，主播与粉丝就很容易建立起融洽的关系，有助于成交。

但在直播前需要对要讲的故事有所准备，多备几个小故事，以便根据现场的变化、粉丝个人偏好进行有针对性的选择。

在选择故事上，要遵守两个原则：一是真实；二是有代表性。

（1）真实

案例的运用，最基本的一条原则是真实性，必须是自身实践的总结，不能虚构，更不能任意夸大。然而，有很多主播会虚构、肆意夸大情节，名为增强说服力，实际上是在对粉丝撒谎，这样如何取信于粉丝？

可能会有人反问，粉丝怎么能辨出真假？正所谓"说者无心，听者有意"，当你说出该公司的名字或粉丝的名字时，对方会留意这些信息。进一步想想，如果对方对你的商品比较认可，对方势必会加以求证。谎言终有破灭的一天，到时谎言不攻自破，你的直播也将会付诸东流。

（2）有代表性

在直播生涯中，也许有很多成功时刻，但这些不一定都适合讲出来。这就需要主播平时多思考、多总结，精选一些经典的有代表性的案例。比如，大家都熟悉的企业或个人；对商品做过重要评价或褒扬的粉丝；或者是与粉丝有业务往来的友好企业、合作伙伴等。

4.2.4 列举实例，增强话语的说服力

很多主播在与粉丝交流的时候，看似夸夸而谈，实际上空洞无物，从而使得粉丝在听的过程中心生厌烦。反之，如果能多讲一点事实，就可以大大增强说服力。事实胜于雄辩！做任何事情都必须讲究事实，只有有根据的事才能打动人心，令人折服。

做直播也一样，主播在向粉丝介绍商品时，要善于摆事实，用实例说话。

比如，介绍一种保健品，如果运用另一个病人成功的实例，远远要比一味地介绍商品成分、效果好得多。因为对病人而言，其关注的只是最终疗效，只要能看到最终的效果就会动心，多列举一些

与目标粉丝有同样遭遇、同样经历的人的例子更有说服力。

再如，如果向某理发店老板推销一款护发素，那么能影响他的一定是使用过该商品的其他理发店老板的意见，因为人们喜欢按相似环境、场合或情景来想象自己的情况，会想当然地认为"既然同行对这款商品评价这么好，我买了也不会有错"。

可见，运用成功实例更容易说服粉丝，能迅速打消对方的疑虑：大部分粉丝在购买一种商品时都会有某种担忧，而他人的行为在某种程度上可以增强其信心，让他们觉得买得更有价值。

值得注意的是，主播在向粉丝陈述一个实例时，这个实例必须具有如图4-7所示的4个特点，否则很有可能无法起到应有的作用。

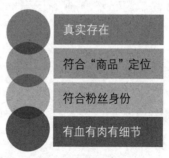

真实存在

符合"商品"定位

符合粉丝身份

有血有肉有细节

图4-7　实例的4个特点

（1）真实存在

在运用成功实例时，最基本的要求就是真实性，而且要经得起推敲，只有真实的实例才更有说服力。然而，有的主播在向粉丝摆事实时，虚构的成分比较多，或者捏造事实，这样只要粉丝稍加推敲，就可以发现其中的破绽。

有人可能会问，如何来获取这些实例呢？最主要的来源就是生活实践，作为主播要善于观察、善于总结，把他人或者自己的推销实践经验总结出来，转化为推销时的话术。

（2）符合"商品"定位

主播在列举实例时必须要注意关联，也就是说任何例子都必须围绕"商品"展开。一旦脱离这个主题，其将失去意义。有的主播一开口滔滔不绝，仔细琢磨说的都是一些与商品无关的话题，这样即使你说的全是事实，也未必能打动粉丝。在实例的选择上，必须有严格、固定的范围，比如，粉丝身边的人、熟悉的人，或者不熟悉但在社会上名气较大的人，这些人物的实例都容易引起粉丝产生共鸣。

（3）符合粉丝身份

选择的实例要与粉丝群体的定位，比如年龄、经历相吻合。否则，所讲的即便是事实，对方也可能因为信息不对称听不进去。

（4）有血有肉有细节

特定的细节能使实例更具有说服力，比如，讲到洗发液，你可以说飘柔；讲航空公司时，点出是东航，这些细节无疑是点睛之笔，更能加深粉丝的印象，使粉丝更容易理解你所说的。

比如，某主播在向粉丝介绍某灯具的无辐射性时，就特意加入了自己使用产品的体验这一点，以亲身经历突出了灯具的无辐射性。"我们的灯具无辐射、无眩光，从不会对眼睛造成伤害。您看我大部分时间都在店里忙活，从没有被电子镇流器辐射。"这位主播这样的说法要比干巴巴地说"自己的商品如何好"效果好多了，更容易让粉丝相信。

事实胜于雄辩！做任何事情都必须讲究事实，向粉丝推销商品也一样，要多用事实。尤其是在与粉丝产生分歧，遭到粉丝的拒绝时，如果能运用事实作为依据，很快就会获得对方的认可。

列举实例法对粉丝进行说服，有利有弊，关键在于主播如何来把握。运用得好，可以锦上添花；运用得不好，则会让粉丝产生"王婆卖瓜，自卖自夸"的错觉。所以，主播在运用这种方法的时候，一定要注意时机，恰到好处。

4.2.5 善于赞美，让粉丝感到被尊重

一位心理医生在银行排队取款时看到前面有一位老先生满面愁苦，大概是在为这长长的队伍而苦恼。心理医生就暗想，如何让这位老人开朗起来，于是边排队边观察老先生。他发现老先生虽驼背弯腰，却长着一头漂亮的头发。对此可以衷心地称赞："先生，您的头发真漂亮！"事实上，老先生也一直为自己有一头漂亮的头发而自豪。

这时听到有人赞美自己，他非常高兴，顿时面容开朗起来，道谢后挺了挺腰，精神抖擞。

可见，一个简单的赞美，可以为他人带来多么大的心灵鼓舞。在人际交往中，人人都应乐于赞赏他人，善于夸奖他人。赞美是世

界上最美的语言，对他人施以赞美，能最大限度地满足对方的心理需求。那么，在直播中，赞美粉丝也是一种非常好的沟通技巧，每个粉丝都喜欢被对方赞美，被对方欣赏。

◀)) 案例5

　　从很多主播的带货视频中，我们经常能听到这些话语："少女感满满，初恋的感觉""涂上你就是贵妇""涂上也太好看了吧""太美了"……在介绍商品时不忘插入夸奖，让观众自动带入购买商品之后的体验和变化。

　　上面例子中的主播正是通过不断地赞美，激发了粉丝的谈话兴趣，通常人人都希望被别人接受和认同，希望被别人赞美和崇拜，尤其是在某一领域取得一定成就的人，他们更希望别人主动去了解其内心。

　　作为一名主播，要能够站在粉丝的角度体会这种心理，不要吝啬自己的语言，坦诚、真心地赞美对方。尽管很多粉丝对主播很冷漠或拒绝，但是，他们也希望主播更关注自己，所以主播与粉丝沟通时一定要善于赞美对方，经常性地赞美就是最好的关注。

　　那么，主播该如何对粉丝进行赞美呢？主要有以下两个技巧。

（1）围绕某个特定的"点"展开

　　这里的"点"有两层含义，如图4-8所示。第一层指赞美对象，赞美要有明确的赞美对象，即对粉丝的哪些方面进行赞美。第二层是指必须是闪光点，即正面、美好、积极的部分。如果赞美的是粉丝避讳的、不愿意谈及的，反而会适得其反，给对方留下不好的印象。

粉丝自身具有的某种优点，如性格、身材、头发以及其掌握的特长、技能等

赞美"点"

与粉丝相关的外围事物，如穿的衣服、喜欢的书、养的宠物等

图4-8　赞美"点"的两层含义

赞美的"点"有很多个，可以是粉丝自身具有的某种优点，如性格、身材、头发以及其掌握的特长、技能等。围绕被赞美者本身进行赞美，会让粉丝感觉很真实，有切身的体会，便于对方更加容易心安理得地接受。

另外，可以是与粉丝相关的外围事物，比如，粉丝穿的衣服、喜欢的书、养的宠物等。例如，当走进粉丝家中，看见墙上挂着一幅水墨画，虽然并非出自名家之手，但可以肯定的是，这是对方引以为自豪的东西。因为将其放置于显眼的地方，似乎就是在说："这是我引以为自豪的东西，请君聊上几句。"那么，据此就可以对其进行一番赞美，肯定会赢得粉丝的热情回应。

（2）有针对性地赞美

每个粉丝在性别、年龄、学识、认知等各方面都会有很大的差异，所以主播在赞美的时候，就不能千篇一律、机械照搬，不能对每个粉丝都用一套固定的话术。这时就需要有针对性地对待，根据粉丝具体情况说不同的话，在语言上体现出赞美的个性化。

例如，对于不同年龄段粉丝的赞美：

> 对于老年粉丝，可以赞美其身体状况好、鹤发童颜、身体健康；对于年轻女性，要赞美其性感漂亮、青春靓丽；对于儿童，则要赞美其聪明伶俐、活泼可爱。

再如，对不同职业粉丝的赞美：

> ① 对于金融行业的粉丝，可以谦虚地说："据我所知，您是理财高手，帮助不少投资人实现了财务自由，如果有机会我一定要向您请教赚大钱的方法。"
> ② 对于从事文学创作的粉丝，可以说："我非常欣赏您的文采，曾经过拜读过××作品。"

赞美虽然好，但有一点需要格外注意，即赞美是一把双刃剑，把握得不好或赞美过度，就会被认为是阿谀奉承、巴结逢迎。因此，赞美要注意一个"度"，不要一味地奉承、巴结，因为这不仅会让粉丝感觉不舒服，甚至会被粉丝看不起。主播在赞美粉丝时，一定要与奉承、巴结区别开来。

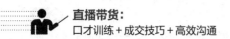
4.2.6 打造人设，给粉丝以特定印象

人设是一个网络用语，当前还没有一个相对固定的定义。简单理解，人设就是人物设定，是一个人自我塑造或他人为自己塑造的特定形象，包括性格、风格、打扮等。作为主播，天天面对不同的粉丝，为了让粉丝对自己有一个深刻的印象，必须打造特定的人设，以某种形象彻底印进粉丝的头脑中。

有了特定的人设，就容易被粉丝记住，还容易引发粉丝的共鸣，由单纯地喜欢某种商品，到真正喜欢主播这个人及其所有一切，成为其忠诚粉丝。纵观那些优秀的主播，他们都善于打造自己的人设。我们来看看下面的案例中是如何打造自己的人设的。

◄》 案例 6

专业人设通常分为两大类，一类是专家型人设，多适用于专业机构或有身份背书的账号，如医生、律师、新闻主持人等开设的账号，会不定期做科普类直播；还有一类是达人人设，这类主播非专业人员出身，只是对某一类内容特别有研究，进行了很多尝试，并累积了大量经验，因此在粉丝心中还是有一定公信力的。

专家人设能在短时间内建立用户信赖，更易促成转化，但由于门槛较高，需要机构或职称认证，并有专业技术加持，不适合普通主播去做。但是达人人设还是比较容易做的，关键还是在内容上下功夫。

例如，抖音上的@老爸评测，虽然非专业人士，但也成了测评专家人设的代名词。他的直播也是技术感十足，每周一个主题，在直播中公布测评结果，有专家现身讲解，也有技术人士亲身示范，非常具备权威感。他每次直播都会在直播前通过短视频预热，向用户公布此次直播的测评主题，吸引感兴趣的用户定时蹲守直播间收看，再在直播间中展示测评结果。直播结束后，会再发布总结类视频，以便没来得及看直播的用户可以有重点地查看，完成一套主题闭环。

因此，做主播一定要先做好人设，明确自己在粉丝心中的形象，让人印象深刻。然而，人设并不是主播说什么就是什么，需要通过一系列的行为表现出来。当这些行为成为一种固定的行为后，时间久了，粉丝就会把这些行为表现出来的标签记住。

那么，如何寻找与主播高度匹配的人设呢？可以从如图4-9所示的4个步骤去做。

图4-9 打造主播人设的步骤

（1）主体分析

主体分析是指，主播要善于从自己的外貌、性格、行为、习惯话术等维度分析自己，并将整个分析的过程用文字描述出来。

◀)) **案例7**

以一个农商品带货的主播为例，他具有以下特点：

差异突出：普通人长相，身穿运动户外装，像普普通通的老百姓一样平常。

性格：热情，善于与人打交道。说话诚恳，不做作，给人一种踏实的感觉。

行为：动手能力强，亲自采摘农产品，现场品尝并给出中肯的评价。

话术：吃完表现出开心状，并连说一定要"买它！买它！买它！"

那么，主体分析就可以用如表4-2所列的形式表示。

表4-2　主播主体分析包含的内容

主播	外貌	性格	行为	习惯话术
A	普通	风趣幽默	试吃并评价	买它！买它！买它！

（2）人设呈现

人设呈现就是根据主播特点、粉丝群体需求，呈现出典型的形象，让粉丝明确自己的定位。人设呈现思路如图4-10所示。

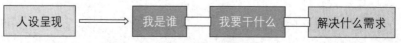

图4-10　主播人设呈现思路

仍接着上面的案例分析，如表4-3所列。

表4-3　主播人设呈现要解决的问题

问题	人设
我是谁？	我是一名农商品体验师
我要干什么？	我要用直播的方式带领用户去农商品生产基地寻找商品
解决什么需求？	解决用户对绿色无污染、美味可口的农商品的需求

按上述流程分析完毕后，得出这样的结论：A是一个接地气、生活气息浓厚的主播，可以将其人设定位为亲民型。传达给粉丝的理念是"原生态的才是最健康的"，直播室的口号是"寻找大自然的美味"。

（3）打造辨识度

打造辨识度是指主播在直播过程中要通过多种方式高频率地曝光自己的人设，让自己更便于粉丝识别，记住自己，在粉丝心中留下深刻印象。例如，主播综合运用多种手段等对粉丝进行视觉强化，经过多次刺激，粉丝就会产生应激反应。

视觉强化可以通过服装、场景、固定动作及直播视频色调等来实现。比如，每次的服装都是优雅的旗袍/西服，或是休闲服搭配一顶特别的帽子，直播视频底色都是统一颜色；听觉强化可以通过宣传口号、特色方言、特殊语气词、背景音乐等来实现。比如，每次直播都有一句口号"美要从里到外，精致无可取代""美丽从此刻开始"等。

对于主播来说，观众辨识度是很重要的，而打造这种辨识度，可以靠一句话人设，比如，"一个集美貌与才华于一身的女子——papi酱""一个爱作妖爱美食的业余吃货——半吨先生"等。

（4）引发共鸣

很多主播是"口号的巨人，行动的矮子"。只有口号是不行的，还必须有行动，这种行动就是靠高质量的商品，通过商品让粉丝受益，真正地得到好处，从而使其发自内心地认同主播的人设。

4.2.7 引导参与，给粉丝最直观的感受

心理专家经过研究发现，在倾听时人的注意力呈水纹状波动，即每隔5～7分钟就会有所放松。这个规律告诉我们，要想使听者的注意力始终保持在高度集中的状态，每隔几分钟就要进行相应的刺激，制造一些兴奋点，以此来调动其倾听的激情。

可见，在谈话时保持粉丝的注意力高度集中是多么重要，否则彼此的谈话也可能会付诸东流。如何使粉丝保持注意力，最好的方法是让他们充分参与到谈话中来，比如，活动游戏，做做演示，引导粉丝亲自参与等，总之要给粉丝最直观的感受。

为粉丝制造参与的机会，让粉丝充分参与到互动中来。通过破坏试验让粉丝参与到谈话中来。这种特殊的互动方式来吸引粉丝更多的注意力。说起来很简单，但对于很多主播来说，就是这样一个简单的技巧却很难掌握。

那么，如何引导粉丝充分参与谈话呢？至少要做足3方面的准备工作，如图4-11所示。

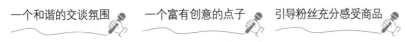

一个和谐的交谈氛围　　一个富有创意的点子　　引导粉丝充分感受商品

图4-11　引导粉丝充分参与的准备工作

（1）一个和谐的交谈氛围

由于陌生带来的拘谨，大部分粉丝不会轻易接受主播的推销，更不会轻易下单购买。所以，主播应先为粉丝热热身，营造一个和谐的谈话氛围，然后逐步引导对方去体验。我们看到不少主播在推销商品时，一味地让粉丝"试一试""体验体验"，看似是好意，但由于粉丝内心警惕之心很强，往往会拒绝其好意。

（2）一个富有创意的点子

在向粉丝推销之前，如何让粉丝在最短的时间内参与到其中来，需要事先确定一个沟通方案。其基本要求是，要能够最大限度地激发粉丝的好奇心，使之产生购买兴趣；或者改变对方原有的想法，认为自己是对的。

完美方案的形成必须有创意点，这个点子是方案完美的基点。值得一提的是，你的创意很重要，所以这个点子一定要能瞬间抓住粉丝的心，否则后面的一切推销将变得无意义。

（3）引导粉丝充分感受商品

粉丝购买的是商品，当然希望在第一时间对商品有明确的了解。这时，主播就要想办法对商品进行全方位展示，以让粉丝充分感受商品。比如，某主播推销的是珠宝饰品，那么就可以先把商品从各个角度，全方位地展现在粉丝眼前，让粉丝通过看去感受。这时即使一句话不说，粉丝也有了自己的感触。当开口讲话时，主播便可以根据粉丝的需要进行有针对性的解答，这也相当于进行了更精准的推销，从而避免了自己唱独角戏。

只有直观的体验，才能让粉丝对商品有更深入的了解。给粉丝最直观的感受，比说一千句话还管用。营造气氛，创造情景，或者通过特定肢体动作向粉丝展示，有利于粉丝更好地了解商品的特性或优点。

4.2.8 突出亮点，积极创造新需求

大部分粉丝在接触某商品之前，并不清楚自己内心真正的需求，可能会不经过思考就习惯性地下结论，直接拒绝。其实，如果主播能让他们对商品再多一些了解，很多人会改变最初的想法，比如，有很多青年男女周末爱逛商场，走进商场的那一刻本没有什么购买计划，当走出商场时往往左手大包，右手小包，拎一大堆商品。

其间发生了什么？无疑是导购员的推介使他们产生了新需求。比如，某件衣服正在超低打折，物美价廉，很容易让客户产生购买意愿。

其实，直播推销就是这样，需要不断地激发粉丝的新需求，从无到有，从小到大。谁能最大限度地激发粉丝内心的需求，谁就可以真正地打动粉丝。这就要求主播在给粉丝介绍商品时，要强化商品的亮点，利用商品的亮点，通过一些有效的话术来刺激他们的内心，激发他们的新需求。这就像以前我们经常听到的经典案例"和尚买梳子""总统买斧头"一样。这说明不要怕粉丝没有需求，需求是可以创造的。

作为主播一定要明白，销售工作就是不断创造新需求，通过各种办法去激发粉丝的潜在需求，一旦确信粉丝存在潜在需求且存在购买的可能性，或者自己销售的商品或服务有益于粉丝，或者能有助于粉丝解决某种实际问题，就应该信心百倍地去销售，而不应有丝毫犹豫。

每个主播都会经常遇到比较顽固的粉丝，这时就要学会利用商品独一无二的"亮点"，并用语言把这些优势明确、清晰地讲给粉丝，以此来激发粉丝潜在的新需求。

那么，如何挖掘商品的"亮点"呢？可以从如图4-12所示的3个方面入手。

根据商品特性　　　根据粉丝异议　　　根据粉丝原有
确定"亮点"　　　　确定"亮点"　　　　需求确定"亮点"

图4-12　挖掘商品"亮点"的方法

（1）根据商品特性确定"亮点"

任何商品都拥有自身独特的优势，而这个优势就是最大"亮点"，也是诱导粉丝产生新需求的重要因素。为此，主播一定要明确商品的优势所在，在介绍时利用语言艺术突出这种优势，促使粉丝产生购买的欲望。

（2）根据粉丝异议确定"亮点"

很多主播害怕听到粉丝的抱怨、不满和异议，殊不知正是这些抱怨和不满暴露出了他们的内心。只要能紧紧抓住这些抱怨和不满，就能找到激发其新需求的突破口。当粉丝没有任何不满的时候，反而无从下手。

（3）根据粉丝原有需求确定"亮点"

有的时候粉丝会以"我对这个商品十分熟悉""我已经买过"等借口拒绝。言外之意是我不再需要这样的商品了。这个时候，很多主播会马上停止推销，想当然地认为"粉丝既然没需求就不会再买了"。其实，并非如此，有一类粉丝，当他们认准一种商品之后，就会反复购买，之所以常以拒绝的口吻与主播交谈，是因为他们希望对于自己熟悉的商品找到新的需求点。

其实，这正是推销的好契机，因为这类粉丝已对这种商品有所了解。这时不妨换个角度进行推介，如以一件衣服为例，粉丝首次购买是看中了款式，第二次也许是看中了其他地方，这时主播可以重点介绍其他优势，比如，面料。

粉丝没有需求，主播要制造需求。制造需求在某种程度上就是激发粉丝潜在的、自身无法意识到的需求。值得注意的是，有些主播在激发粉丝的新需求时，出现了强迫推销的状况，把商品硬塞给粉丝。这样做是不对的，要善于运用语言技巧进行引导，让粉丝无形中感受到商品的魅力，自觉购买。

4.2.9 营造场景，增强粉丝的代入感

直播带货是全景展现、立体化销售的新方式，在直播过程中不能直接卖货，也不能低质量地叫卖，更不能平铺直叙、直来直去，这样商业氛围过浓会令直播索然无味。正确的做法是营造场景，有了场景描述，等于是给粉丝一个买单的理由，即使他们没有需求，也能被激发出需求。

那么，场景如何营造呢？主要有两点：一点是直播间的布置；另一点是主播的话术。

（1）直播间的布置

场景，即是适应角色情节需要的时空背景。从这角度看，直播间的布置不可忽视。直播间布置得好与坏，对直播的效果影响非常大。我们这里来看一个实例。

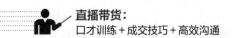
◀))) 案例 8

2020年3月26日，LV（路易威登）在小红书上开启了自己的门店直播首秀，邀请时尚博主和演员担任主播。由于廉价的布景灯光，直播间内丝毫没有体现出LV大气、高贵的形象和定位，质感也完全没有展现出来。最终，这场时长1小时的直播仅获得1.5万的总观看人数，成为奢侈品直播带货炮灰第一人。

为营造一种有感染力的消费场景，需要不断升级直播间的质感，结合推荐的商品，布置不同的背景。

（2）主播的话术

直播间消费场景还有一种很重要的体现，那就是主播的话术。主播如何说，左右着粉丝的消费心理和倾向。这里以粉丝的视角来看这个问题。

◀))) 案例 9

假设你在直播间看到某主播正在介绍一款小型电风扇，这时你完全没有购买欲望，因为家里都有空调了，落地扇都不买，也不可能买这个小型电风扇。从实用的角度看，这个小型电风扇确实不值得买。

这个时候，主播说："这款电风扇非常适合放在办公

> 室，炎热的夏天，你买一个放在办公桌上，这样当你趴在桌上小憩时，不出汗，会更舒服一些。"

这句话虽然很简单，实际上就是在营造一个非常清晰的场景：上班族趴在办公桌上睡觉的场景。确实，经常在办公室午睡的一族，虽然室内有大空调，但由于趴着睡，天气热的时候也是非常不舒服，而这款小型电风扇就能够解决这个问题。

想到这里，一定有很多人认为应该买它，下单也就顺理成章。这就是话术营造消费场景的作用。话术营造场景还有一个最大的优势，那就是可以描述多个场景。例如，小型电风扇适合办公室白领，也同样适合学生一族。主播应该根据商品所面向的消费人群，营造不一样的消费场景。

在这里强调一下，在营造场景时，除了给粉丝描述出使用场景，主播也要善于阐述自己的使用场景，比如，谈谈自己的使用感受等，这样真实感更强，更有说服力。

随着直播带货的普及，越来越多的品牌商将加入直播带货的行列，如何为粉丝搭建线上直播销售场景，实现运营数字化，并提升品牌影响力，将成为主播方需要探索的方向。

4.2.10 提升专业性，帮助粉丝做购买决策

世界读书日那天，有很多作家开了直播，做起了图书带货，但效果与专职带货主播相比还有很大差距。其实，这个结果并不让人

意外，作家最擅长的是写作，走进直播间并无法发挥其优势，初衷可能只是"体验"一下，真正能做到头部主播，带动图书销量上一台阶的机会并不多。

"兼职"类主播，与上面这些进入直播间的作家一样，都是吃亏在了"术业有专攻"上。主播是一种职业，它也有自己的职业要求，能力、经验、技巧等各方面都得达到一定的标准。从这个角度看，带货主播就是销售商品领域的"专家"，消费者往往更相信专家的推荐，毫不犹豫地下单。

从粉丝角度看，大部分人还是喜欢专业性强的主播。因为绝大多数粉丝在决定消费时，很多时候自己是拿不定主意的，内心深处希望有一个专业人士来引导和帮助自己决策。毕竟，对于一些问题，只有专业人士才能提供最权威、最正确的答案。

卖衣服的，如果连衣服的面料都说不上来；卖美妆品的，如果对化妆品、肤质一无所知，产品肯定卖不出去。再比如，谈论一个穿搭话题，却对服装搭配、颜色搭配、穿衣风格等缺乏深度了解，结果直播时冷场，会造成非常大的负面影响。

所以，不要简单地认为，做直播带货就是在直播间与大家聊天。这是非常大的误解，主播必须运用自己的专业，对产品进行专业、有趣的诠释，进行专业解答，展示产品亮点，抓住粉丝痛点需求。

主播的专业性，最直接的体现就是在语言上。

◀)) 案例 10

　　新东方转型直播带货后，着眼于做农产品带货。半年的时间很快就成为农产品行业的头部直播间。而这里离不开俞敏洪的付出，俞总的口才大家有目共睹，同样在直播间也不输任何头部主播。在一次北京平谷桃园现场直播上就展现出了其口才的魅力。

　　俞老师说桃之夭夭，灼灼其华！桃花源记，说关于桃子的古诗，桃花潭水深千尺，不及汪伦送我情。"去年今日此门中，人面桃花相映红。人面不知何处去，桃花依旧笑春风。"这个地方四面环山三面水，桃子甜度较高。

　　经过俞总的大力渲染，桃子上架五分钟全部抢光！评论区网友纷纷留言快补货！

　　做一行，懂一行，主播带货同样也是如此。首先是专业力需要不断加强。简单来说就是，必须充分了解产品，要有产品推荐、产品种草的能力。专业形成的信任度，是引导用户产生购买行为的核心驱动。要做好一场直播，带货主播对自己直播的产品功能、特色、性价比都要了如指掌，这是对粉丝负责，也是对主播自身的口碑负责。一开始不懂没关系，这些专业知识可以逐步积累和学习，主播越专业，粉丝对主播的信任度就越高，未来找你做直播带货的商家也会越来越多。

　　因此，不管直播的内容是什么，主播都要对这个领域的知识有一定的了解和掌握，这样才能在直播的时候游刃有余。

越来越多主播意识到专业的重要性，为了能够在直播中为粉丝提供更好的讲解和服务，需要不断地提升自己的专业技能。

4.3 善用推介方法：及时将需求转化为订单

4.3.1 逻辑法：一步到位，直接套用

直播带货的时候如何介绍产品，才能让粉丝愿意下单？需要掌握一套产品介绍逻辑法，按照一定的逻辑规律去介绍，粉丝接受起来更容易。所谓逻辑规律，是人们认识推理事物的一种思维方法，它包括比较、分析与综合、论证推理等方面，逻辑法即以逻辑规律为指导，根据事实材料，下定义，形成概念，做出判断，进行推理。

下面介绍一套直播间产品介绍的基本逻辑，掌握这套逻辑法后可直接套用，能大大提高直播间的转化效率。

直播间最常见的产品介绍的逻辑如图4-13所示。

图4-13　直播间最常见的产品介绍的逻辑

为了更好地理解这套逻辑法在实际中的应用，下面将按照这样的思路来分析一个示例，介绍一款唇釉。

案例

（1）引出话题：每到冬天的时候，大家有没有发现嘴巴特别容易干，容易起皮？

（2）提出痛点：嘴巴干了之后涂口红也不好看，脸色也会看着不好。

（3）建立信任：每年冬天我都会用某某品牌的某某款唇膏。

（4）介绍产品卖点：这款产品它是韩国进口，里面的成分，主要针对修复嘴巴干以及起皮等一些情况。

（5）推销产品：我可以现场给大家试一下，大家可以看一下这款唇膏的润泽度还有效果，以及它的颜色是怎样的。

（6）引导消费：这款产品在线下售价是××元，今天在我的直播间只要××元。（注意，这两个价格之间是要有一个大的差别的，这样更能刺激用户下单）。

这是比较常规的一种直播带货介绍产品的方法。作为主播，在介绍产品环节别总说什么好看、漂亮，价格优惠99，这种话术表面上有用，实际上绝大多数时候都是自嗨，起不到多大的效果。

要想实现订单转化，最主要的还是掌握产品介绍的逻辑，抓住核心需求，塑造产品的价值感，弱化粉丝内心的抗拒，让粉丝认为能花很少的钱买到价值很高的商品。

比如我们介绍某款衣服，话术可以这样说：

咱们这个裙子，是韩国的一个金丝面料，3D立体提花工艺，

上身瞬间高级感满满，穿出去就是质感女人。（**材质细节**）

这个款是咱们年薪百万的设计师刚推出的一个新款，腰部做了今年超火的同色系撞色拼接，时尚有个性。（**附加价值**）

裙摆不规则的一个设计，可以遮胯，遮小肚腩，非常显瘦，穿出去不用担心撞衫。（**解决痛点**）

衣服的里面全部给你们做的是一个捆条包边，没有一根多余的线头，车工组件给大家近距离的看一下啊，一英寸左右的12针，12针是只有商场品质才会有这么好的细节，包括胸口的小熊做的不是水印胶，都是手工定制的，一针一线缝制好看，精准，又很牢固。（**解决顾虑，提升价值**）

非常的耗时，咱们工厂大姐一天只能做个八九件，产量非常非常低，所以今天体验价给你买到，真心划算。（**限时限量**）

其实简单来说，就是你要会提炼商品的卖点，找到用户的痛点需求，那你介绍产品时就会有理有据，用户也会愿意相信你，然后下单购买你推荐的产品。

所以，主想做好直播带货，首先要搞清楚用户真正关心的是什么，不要想当然。

4.3.2 六厢提问法：先通过提问获取粉丝的好感

提问是一种非常有效的沟通方式，提问得好，不但可以令对方畅所欲言，还有助于自己全面获取信息，有利于交流的进一步深入。在直播带货中，主播也可以采用这种沟通技巧，当然这需要主播提前设计一些开放性的问题，引导粉丝不断去回答和思考。

在这里有一种非常实用的方法：六厢提问法。六厢提问法是指将问题放在一个三纵两横的方框中，通过横向和纵向两个维度去提问。三纵两横可以划分为6个方块，因此被形象地称为六厢提问法。其框架图如图4-14所示。

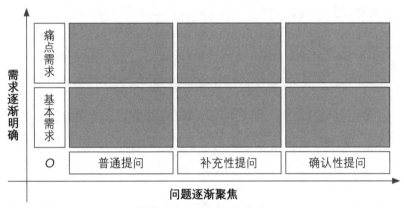

图4-14　六厢提问法框架图

横向维度代表问题，从左向右表示问题逐渐聚焦；纵向维度代表粉丝需求，从下向上表示粉丝需求逐渐明确。掌握了这种方法，可以通过循序渐进的提问，一步步地了解粉丝的基本需求，以抓住其痛点，给出有针对性的解决方案。

为了更好地理解这个问题，我们来看一个实例，如图4-15所示。

六厢提问法的核心就是将商品的最终利益或最终能带来的效果以连续提问的形式与粉丝进行沟通。换句话说，在持续提问的过程中，只要能获得消费者的认可，交易也就能达成了。

痛点需求	你在寻找什么？	是在寻找大屏液晶电视吗？	是在寻找最新款的大屏液晶电视吗？
基本需求	以前购买过没有？	在使用过程中遇到了什么困难？	这些问题最终解决了吗？是如何解决的？没解决的原因是什么？
	普通提问	补充性提问	确认性提问

图4-15 六厢提问法实例分析

只有有效地提问，让粉丝进入角色，才能让对方充分表达自己的想法和需求，与主播形成良好的互动，从而更好地实现带货。需要注意的是，在提问中，主播需要给予粉丝足够的选择自由。

4.3.3 假设成交法：以结果为导向说明商品好处

假设成交法是指假定客户已决定购买了商品，然后以结果为导向，逐步进行说服，从而让客户反向喜欢上该商品。

这种方法在线下销售中运用得特别多。比如，去商场购物，常常会听见导购这样说：

🔊 **案例11**

顾客："亲爱的，你不用管我，我随便看看。"

导购："哈哈，你随便看，看中了我帮你当参谋。"

就这样，就是随便看看，顾客不知不觉就看中了一条连衣裙。

导购毫不犹豫地拿下来，并让她试试。

顾客看了看吊牌说："好贵啊。"

导购说："先试一下嘛。"

顾客心想："反正是试试，也没事。"

导购接着说："哇，这真的太漂亮了，这套连衣裙完全就是为你量身定做的。"

顾客美滋滋地想："真难得，找到这么合身的衣服。"

于是，美滋滋地将它买了下来。回到家打开满满的衣柜，才恍然大悟："我怎么又买了条裙子呢？"

这就是假设成交法，上述案例中这位顾客明显就是被假设为成交的对象，导购的每句话都是在假设已成交。比如：

"哈哈，你随便看，看中了我帮你当参谋。"（假设你会看中，因为我们店的衣服好）

"先试一下嘛。"（假设你会买，只要你试）

"哇，这真的太漂亮了，这套连衣裙完全就是为你量身定做的。"（假设你喜欢，你喜欢了就会买）

这种方法的优点在于，可以大大减少粉丝的心理压力，形成良好的直播间交流气氛；可以把粉丝的意愿直接转化为成交行动，促成交易的快速实现。

有经验的带货主播不会像新手那样，到了签单时才假定这笔生意会成功，而是在每个环节都反复强调假定已经成交。当客户也开始假定自己已经购买该产品时，下面的工作就非常容易开展了。

"您觉得什么样的价格合理呢？您出个价。"

"您希望我们的工程师什么时候给您上门安装？"

"请问您买几件？"

"我们把这次公开课安排在下个星期五和星期六两天，您哪天可以派人过来呢？"

这些是假定成交的正确说法。不过，这种方法也有其缺点，那就是可能会产生过大的沟通压力，破坏良好的直播间气氛，回旋的余地小，一旦被拒绝，主播就会丧失推销的主动权。

为了避免这种情况的发生，在使用这种方法时，主播需要做好以下3个方面的工作。

（1）针对特定的对象

假设成交法只适用于特定的对象，在使用之前必须对粉丝进行分析。其适用于那些依赖性强、性格比较随和，以及忠诚度高的老客户，而对自我意识强、过于自信的客户不适合。

（2）确定粉丝有较强的购买意愿

假设成交法不适合毫无购买意向的粉丝，只适合已经确认对产品感兴趣，有一定的购买意愿，并发出了成交信号的粉丝。

（3）注意语言

在使用假设成交法时，主播的语言要尽量自然、温和、言真意切，争取为粉丝创造一个轻松惬意的交流环境。

4.3.4 层层推介法：循序渐进对商品进行介绍

在向粉丝介绍商品时，要逻辑清晰、层层分析、步步为营，打消粉丝内心的顾虑，及时将对方引导到"购买"上来。

尤其是当粉丝不认可自己说的话或者不认可商品时，主播需要做的是逐渐地去引导，把粉丝对商品的误解、负面情绪逐渐转移到正面上来，这需要主播掌握必要的交流技巧。

（1）多说一些轻松、无压力的话

当粉丝不认可主播或商品时会在潜意识里产生反抗情绪，即使表面上看似很平静，但内心却紧闭着。如果主播在这时还一味地介绍商品，势必会遭致对方更大的反感。此时，主播的主要任务已经不是尽快将商品推销出去，而是消除粉丝潜意识的反抗情绪，不妨多说一些轻松的、对方感兴趣的话，会缓解对方的压力。比如，"我主要想了解一些贵公司在×××方面的信息，看看我们的服务是否可以帮得到您？"如果对方继续追问，可真诚地说明来意，如果对方没有积极的反应，则可以用一些反问句回应，如"××先生，请问您对×××很了解吗？"

（2）提有利于对方做肯定回答的问题

在与人交流时，如果自己的话大都被对方否定了，接下来的谈话便很难进行。反之，自己的话被肯定后，是不是会激发其谈话激

情？同样的道理，为激发粉丝的谈话兴趣，主播可多问一些便于粉丝做出肯定回答的问题，也是缓解气氛的一种非常重要的方法。因为粉丝在对你的问题做出肯定回答时，潜意识里的对抗情绪也在慢慢弱化。

比如：

衣服上是不是经常会有这样或那样的污渍？

在去污方面，您一定遇到过更大的困难吧？

您肯定希望获得去污效果更好的产品吧？

提出这些问题是针对粉丝可能存在的困惑或不满的，而且每一个都是在引诱粉丝说出隐含的需求。我们把这些问题称为肯定性的问题，这样问关键不在于对方如何来回答，而是拉近双方的心理距离，消除隔膜，取得信任，让粉丝感到商品的魅力所在。

（3）层层递进，循序渐进

对粉丝进行引导时，要保持话题之间的连贯性，而且前后要层层递进、逐步深入。有的主播东一句西一句地乱扯，有的平铺直叙，没有重点，这样的思路很难呈现出商品的自身优势。

所以，主播与粉丝谈论某个问题时，首先要围绕一个中心话题展开，然后以此为基础，横向或者纵向深入，循序渐进，逐步引导，最终让粉丝坚信"买你的商品没错"。

在与粉丝沟通的过程中，主播应该多引导对方，提一些具有积极意义和便于做出肯定答复的问题，引导粉丝说"是"，目的是及时掌握粉丝的内心状态，促使粉丝消除对商品的偏见，增强其对商品的信心。

4.3.5 下降式推介法：先重要的，后次要的

所谓下降式推介法，就是逐步介绍自己的商品的好处，把最容易吸引粉丝兴趣的利益点或特色放在最前面解说，将比较不重要的或缺乏吸引力的利益点放在后面解说。

在介绍过程中，主播要仔细地观察粉丝对哪些事项感兴趣，这可能就是他们购买的利益点；然后将80%以上的精力放在这一点上，之后就可以直接成交，对粉丝不关心的方面一句话带过，或者干脆不要过多地介绍。

这需要主播全面认识产品，明确地知道产品的好处，具体可以从图4-16所示的4个方面做起。

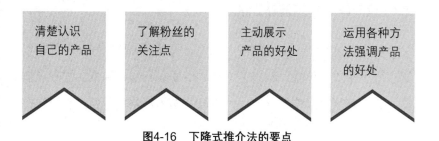

图4-16　下降式推介法的要点

（1）清楚认识自己的产品

优秀的带货主播能够清楚地知道自己的产品究竟在哪些方面具备优良性能，并能用口语熟练地表达出来。

（2）了解粉丝的关注点

在与粉丝的交往中，最难判断的是他们的关注点或利益点，只有找到他们的关注点才能针对需求进行推销。一个好的主播应该首先弄清楚粉丝关注什么。要想清楚、明了粉丝的需求，就需要通过提问、回答反复深入地了解粉丝的真实想法，从而给出粉丝最需要的购买建议，完成销售。

（3）主动展示产品的好处

主播要直接告诉粉丝其接受产品或促销计划所能获得的好处，当好处能满足该粉丝的需求时，他多半会同意购买建议，完成销售。

（4）运用各种方法强调产品的好处

在介绍过程中，主播要运用各种方法强调产品的好处，其中包括品质、味道、包装、颜色、大小、市场占有率、外观、配方、成本、制作程序等，使粉丝有一种豁然开朗的感觉：我就是想要这样的东西。这样离销售成功就只有一步之遥了。

4.3.6 视觉推介法：通过视觉冲击提高粉丝认可度

视觉推介法就是让粉丝看到或在头脑中想到购买自己的产品后的情景，以及使用自己的产品能给他带来的利益。这是一种很常用的销售策略，即通过主播的描述或提示，让粉丝想象到使用产品后的情景，这样可以增强粉丝想拥有该产品的欲望。

例如："您可以想象一下，开着这辆宝马车与几辆其他品牌的车同时在十字路口等待通行，当红灯变绿时您第一个冲出去，那将是一种什么样的感觉呢？"

例如："您老如果血糖得到很好的非药物控制，不但可以减少降糖药的服用量，还可以经常享用您喜爱的美食。"

为了更好地理解这种推介法，我们再结合一些例子来看。头部主播带货能力之所以那么强，就是因为充分采用了视觉推介法，通过语言、肢体动作等视觉化。

比如，使用共情的语言，介绍一款口红，可以这样说："02号色，颜色偏粉，属于气质红，皮肤亮的女生赶紧买它!"这个时候共情的语言的作用就极具画面感，先是介绍产品的特征，颜色偏粉涂上有气质，随后加了一句皮肤亮的女生买它。

再比如进行对比，在卖一些"不知名品牌"的产品时，会请助理拿类似产品进行对比，以凸显所售产品的优势。例如，在卖一款夹心小面包时，主播将面包对半撕开，与"超市里卖的夹心面包"进行对比，比较不同面包夹心的厚度，以显示所卖面包的夹心分量更足。通过对比的方式，打消粉丝对于产品的顾虑。

也可以采用示范的方法。比如介绍沐浴露时会一边向盆中挤一边评价，夸这个商品有祖马龙香水的味道，不管你闻没闻过，肯定错不了；再比如卖暖宝宝时，讲到冬天接孩子时贴上一片很舒心。哪个曾在校门口瑟瑟发抖等孩子放学的父母会不心动呢？

通过以上内容，可以总结得出运用好视觉推介法需要做好三

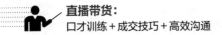

步，具体如表4-4所列。

表4-4 视觉推介法三步骤

步骤	具体内容
第一步	场景化＋自我体验：用形象生动的语言描述自己使用该商品的体验
第二步	打出价格优势：利用价格刺激粉丝的消费欲望，吸引消费者
第三步	促销活动：采用秒杀的促销方式，进一步刺激粉丝的神经

第 5 章

中场互动话术：抓住需求痛点，说出最直击人心的话

中场通常是指直播进行到40～60分钟时，这个阶段主播遇到最多的问题就是冷场，与粉丝互动不够。部分主播是由于性格不够开放，一时适应不了，而绝大多数主播是不懂得互动的技巧。在这个关键时期，如果能恰到好处地进行互动，就能抓住粉丝的痛点需求，达到销售目的。

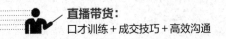

5.1 与粉丝中场互动的3大关键时刻

5.1.1 新人入场时

与粉丝互动的第一个时段，是新粉刚刚进入直播间时。这个时候的互动以问候为主，而且是很简单的问候，不必过于复杂。

在问候新粉丝时要注意以下3点。

（1）问候语要符合粉丝身份

得体就是符合粉丝身份，能够充分表示出自己对粉丝的尊重。根据粉丝年龄、性别的不同，主播要学会使用不同的问候语。只有有针对性地问候才能做到有的放矢，得体恰当。比如，根据直播时间可以问候"上午好""下午好""晚上好"；根据粉丝的年龄，对年轻人、老人、宝妈等的问候又有所不同。

（2）根据不同情景调整问候语

对于问候语，在特定情况下应有所侧重，在不同情景下使用不同的问候语。比如，节日就要问候"中秋节快乐""新年快乐"，特殊天气就要问候"天气转凉了，请注意保暖""雨天路滑，请注意安全"等。

（3）问候语要切合直播间语境

问候语要切合直播间语境指的是说话要与当时所处的环境相吻合，也就是说要与当时的直播间气氛环境结合起来。主播在问候粉丝的时候，要注意不同文化在语言运用、理解方面的明显差异性。

5.1.2 中途冷场时

主播在直播过程中经常会遇到冷场的情况，冷场会令直播间瞬间气氛降至冰点，陷入僵局。冷场是很多主播忌讳的，其实，冷场并不那么可怕，有经验的主播都能够灵活应变，及时救场。

那么，遇到冷场时有哪些救场的方式？常见的有以下4种，如图5-1所示。

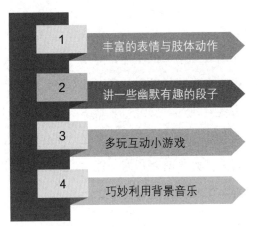

1 丰富的表情与肢体动作

2 讲一些幽默有趣的段子

3 多玩互动小游戏

4 巧妙利用背景音乐

图5-1　常见的救场方式

（1）丰富的表情与肢体动作

冷场时没有语言，没有欢笑，有的主播试图通过多说话以打破尴尬。其实，这个时候说再多也是无益的，不但缓解不了尴尬，还有可能更糟糕，这时最好的表达方式就是运用脸部表情和肢体动作。比如，剪刀手的卖萌，手比爱心的温馨，吐舌头的调皮。不要小看这些细节，这些细节会让粉丝感官受到刺激，既能感受到主播的积极与热情，又容易对主播产生好感，从而更愿意消费。再比如，"我是一个明明可以靠颜值吃饭但偏偏还要唱歌唱到肺裂，跳舞跳到腿抽筋的小主播，感谢大家欣赏我的直率，包容我的粗心，认可我的努力。希望大家能一直陪着我，我也会认真努力坚持下去，爱你们（比心）。"

（2）讲一些幽默有趣的段子

段子也是化解冷场的有效方式，很容易引起粉丝好感。但这种方式通常适用于有幽默潜力的主播，对于一些新手主播，如自己本身不够外向，也没有幽默的潜质，利用难度很大。

那该怎么办呢？比如，曾经就有新手主播把段子抄在纸条上，遇到冷场时就拿出来照着读。这说起来虽然略显生硬，但也不失为一种好办法。最好还是平时多积累一些段子，记在心里并背下来，至少用时不会那么生硬。

（3）多玩互动小游戏

直播间就是主播和粉丝沟通互动最重要的桥梁，主播除了调动现场气氛外，还要尽可能地扩大与粉丝的交流范围，提高每个人的参与感。

这个时候可以玩一些简单的小游戏，尽量简单到每个人都会玩。很多直播平台上都有互动小游戏，比如，抖音上就有K歌、你点我唱、你画我猜、知识大会等，如图5-2所示。这不仅是主播PK环节的必杀技，也是拉近主播和粉丝们之间距离的好方式。多玩互动小游戏，提供话题，让粉丝也能参与其中，使他们有被主播重视的满足感，更容易活跃直播间气氛。

（4）巧妙利用背景音乐

背景音乐在直播过程中起着不可忽视的重要作用。PK时的战歌、平常聊天用的特效音、粉丝点歌时播放的特定歌曲都能够为直播间添色加彩。

图5-2　抖音直播后的互动小游戏

在特定的场合运用适合的背景音乐，不仅能够为粉丝营造一个舒适的氛围，也能够使主播更好地发挥自己的能力。

5.1.3 产生争议时

在直播过程中与粉丝产生争议是不可避免的。主播的一言一行、一举一动，甚至一个很小的细节都有可能引发争议。

━━━ ◀)) **案例 1** ━━━

在某品牌车4S店的一场直播中，女主播"用脚挂挡"的一幕引发争议。视频中的女主播坐在后排，将鞋脱下后，用脚部对前排挡杆进行升挡、降挡的操作，并对车辆的相关使用进行讲解。

有粉丝认为，请美女主播做直播营销，增加流量、宣传商品的做法本无可厚非，但出现类似这种举动实属不该，"太低俗""不符合商品定位"。而且，如果直播过程中有未成年观众，更是会给其身心带来不好的影响。

另一部分粉丝则认为，"不雅"的说法有些太上纲上线了，女主播并没有过分的举动，有些过度解读。

直播间的争议，有时是主播自身的言行引发的，有时也是粉丝故意所为。但无论是谁的原因，一味争执、追究谁对谁错是毫无意义的。

当与粉丝产生争议时，无论对与错，作为主播最正确的态度应该是道歉，这是问题得以解决的第一步，也是最关键的一步，可以使"大事化小小事化了"。

━━━ ◀)) **案例 2** ━━━

小团团是斗鱼人气主播、歌手，凭借着萌萌的奶音唱歌配音风格、超大脑洞和魔性表情包受到众多粉丝的喜爱。令人佩服的是，她与粉丝的关系向来和谐，也很善于处理与粉丝的关系，很少闹矛盾。

在一次直播时她与粉丝产生了冲突，可能是因为当时的话题不太好，小团团的心态受到了影响，就说了一些不太好的话，让粉丝失望了。

那么，小团团是如何处理的呢？她马上调整自己的心态，在下播后就马上道歉。与此同时，她不仅仅在下播后道歉，还在晚上的直播中再次特意道歉，表明自己的错误，并且认识到了错误，希望大家能够原谅她。

正是诚恳的道歉，重新挽回了粉丝，作为主播就应该持这样的态度，与粉丝产生矛盾后要意识到自己的错误，马上道歉，这表示对粉丝的重视和尊重。

5.2 中场互动技巧：与粉丝打成一片，不唱独角戏

5.2.1 话题互动，引发粉丝情感共鸣

沟通需要有谈资，所谓谈资其实就是共同话题。共同的话题是人与人之间沟通、聊天的基础，没有话题，即使双方关系再好，也无法坐在一起聊天。

日常生活中如此，直播也是如此，尽管不是面对面，如果没有合适的话题马上就会冷场。相反，如果找到了共同的话题，就可以抓住

粉丝的痛点，把粉丝留下来，很容易拉近与粉丝之间的距离。

所以，直播要学会抛话题、抓痛点，那么，应该抓哪些话题呢？有图5-3所示的4类。

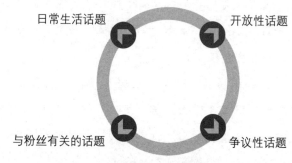

日常生活话题　　　　　　开放性话题

与粉丝有关的话题　　　　争议性话题

图5-3　直播话题的类型

（1）日常生活话题

虽然是带货但并不要求每句话都必须围绕"卖货"进行，有时候生活中的琐事更容易拉近与粉丝的心理距离。因此，多谈一些大家熟悉的日常琐事，这样更容易稳定情绪，让自己快速适应。比如，社会上的新闻；一首好听的歌曲；评论自己看到了什么，做了什么。

（2）开放性话题

直播间宜聊一些开放性的话题，当然，这里的开放性不是指尺度，而是指参与度，是指适合大多数人参与的，每个粉丝都可以轻松回答的话题。所在城市、兴趣爱好、天气情况等，都是开放式聊天的常见话题，比如，今天我们这里下大雪了，你那里冷不冷？就会有很多粉丝回复，如想看雪、打雪仗之类的。

同时，主播要注意跟大家的互动，做到你有话说，粉丝也要有话说，不要搞"一言堂"。另外，不要涉及一些隐私话题或者敏感话题，否则引起大家的反感。

（3）争议性话题

在与粉丝的互动中，如果能让粉丝产生激烈的讨论往往更能增加热度，而通常能引发粉丝热烈讨论的话题都是有争议性的话题。

需要注意的是，这里的"争议"不包括那些与政治、宗教有关的敏感性话题。那么，什么样的话题才算有争议呢？可以简单概括为"公说公有理，婆说婆有理"的话题，换句话说，这个话题从两个或多个方面分析都有道理。

（4）与粉丝有关的话题

很多粉丝喜欢谈论自己，主播应该善于从粉丝本身挖掘话题，借助当时、当地及关于粉丝本人的一些材料作为主题，借此来形成话题。

◀)) 案例3

比如，有一些粉丝的名字很有意思，可以说："您这个名字有什么含义吗？为什么会起这个名字？"

又如，发现粉丝的家乡很有特色，就可以这样说："你们老家有什么特产吗？"　"有什么好玩的地方吗？"

再如，针对粉丝的兴趣展开沟通，倘若对方是投资人，就可以谈投资、基金、股票之类的话题；倘若对方是老年人，就可以谈饮食、健康之类的话题。

同样，对方的服饰、居室、习惯等也都可以引出话题，就地取材，灵活应用，由此及彼地展开联想，有利于获取大量话题。关键在于在谈话前，要对粉丝群体特征有深入了解。

明确了要互动的话题，接下来就要解决话题获取的问题。在话题的获取途径上，主要途径是依靠主播自己在日常生活中的积累，主播要多听、多看、多思考，同时结合粉丝需求择优使用。还有一种途径就是向粉丝征集，由于个人能力和精力有限，主播也会遇到没有创意的时候，这时也可以向粉丝请教，在账号中发起话题征集活动，让粉丝表达自己的看法以及想要看的内容。这样一来，不仅是对粉丝做调查，了解他们的兴趣点，促使他们关注下一期视频，还可以提高粉丝的认同感和参与感。

5.2.2　才艺互动，可为直播"加分"

在大多数带货主播的眼中，才艺不是特别重要的一部分，并且认为即使没有才艺也可以通过其他技巧进行弥补。这种认识是错误的，才艺是直播间吸粉的主要手段，是调节现场气氛的"润滑剂"。

对于带货主播而言，才艺不需要很高超，但不能没有，即使再差的才艺，如果能辅以展示技巧，也能让直播精彩连连。但如果没有才艺，甚至连最基本的才艺也没有，全靠尬聊段子，无论谁都会产生审美疲劳。

比如，"新进来的粉丝还不知道主播是播什么的吧？我现在要宣传一波啦，你们听好了哟！主播唱跳俱佳，擅长××类型的歌，喜欢跳古典/爵士/民族舞。现在给各位表演一段，希望礼物不要停哟。"

有些主播会见缝插针地展示自己的才艺，这样的方式虽然有悖于带货的主题，但往往能收到意想不到的效果。

◀)) **案例4**

抖音上一个图书带货主播，如图5-4所示，他是一名十分有特色的主播，最大的才艺是脱口秀。每次直播，除与粉丝进行必要的互动外，全程几乎都是以脱口秀的方式在直播，尤其是在介绍书时。他的脱口秀大多数是紧紧围绕所推荐的书进行的，而且全部是自创的，韵律整齐，朗朗上口，给人一种非常舒服的听觉感受。

图5-4　抖音上某图书带货主播

才艺就是技能，代表主播的特色，唱歌、跳舞、喊麦、脱口秀都是常见的才艺。

直播间的互动非常强，才艺是最高效的互动形式。一个主播假如没有任何才艺，则很难与粉丝深入互动，更难被粉丝记住、识别。

凡是优秀的主播都有过人之处，会的不一定比别人多，但一定比别人强。现在主流直播平台都有比较成熟的才艺板块，如唱歌、跳舞、喊麦、脱口秀……大多数主播也是往这4个方向发展。

用才艺进行互动效果非常好，但需要注意一个事项，即才艺并不是单纯地为演而演，而是需要与直播的主题相关，与直播内容相符。正如上面例子的脱口秀，紧贴所推荐的书，既能热场与粉丝进行互动，又能给粉丝一些提示，了解接下来直播的内容梗概。

5.2.3 连麦互动，强化粉丝参与和黏性

当直播陷入冷场之后，连麦是不可缺少的互动形式。连麦是直播间最火爆的一种互动形式，是直播互动方式的新升级，可以最大限度地促进有利资源的互通有无，强化粉丝的黏性。主播可以通过邀请大V或者与粉丝连麦，进行专业知识分享、热点话题讨论或互动提问交流等。

连麦互动有很多优势，主要表现在图5-5所示的4个方面。

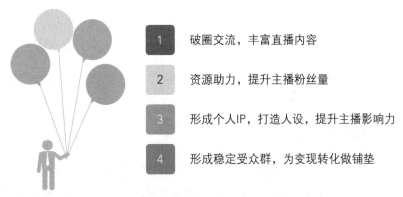

图5-5　连麦互动的4个优势

直播连麦主要有两种模式：一种是主播与主播连麦；另一种是主播与粉丝连麦。

（1）主播与主播连麦

这种模式是指两个或两个以上头部主播就某个议题进行连麦，同时直播。这类模式虽然可控性强，可增强直播内容的互动性，但可消费性差，用户黏度不够，因此不太适合在带货类直播中广泛使用，只适用于一些特定的情况。

采用这种模式，建议主播在连麦直播前，明确当场连麦的主题，主题要宽泛，以此为基调，根据连麦嘉宾对该主题的观点，再进行支线延伸。同时，要将其在直播间评论区置顶，以使粉丝通过其他主播的内容充实自己，实现内容上的共享与交流上的平权。

（2）主播与粉丝连麦

这种模式适合做成个人IP，可操作性更强，不仅有助于提升直播间热度，调动直播间氛围，提高粉丝的积极性，还会帮助主播塑造权威和提升专业度，增强直播间粉丝的活跃性。

◀)) **案例 5**

2021年春节期间，微博直播中的美食大V@饭饭连麦嘉宾@日食记、@酥饼大人，以及18名粉丝。连麦议题是分享各地的特色年夜饭，由于这一议题准入门槛低，参与性十分强，再加上网红主播的带动，很多粉丝纷纷参与，打造了一场异常火热的线上除夕夜大团圆的场景。根据这场直播后的数据分析，发现UV 同比提升160%，涨粉量提升121%。

这种模式的劣势是议题比较难控制，也比较考验主播的耐心。因此，主播可以结合上一种模式，对内容进行优化，要做到覆盖面广、参与门槛低、跟随热点、策划热点活动。尤其是对于比较专业的内容，要力争使其娱乐化、通俗化。

主播与粉丝的连麦模式是带货类直播中主要的互动模式，因此在玩法上应该精益求精，不断优化，做精做细，做到极致。具体方法包括表5-1所列的5点。

表5-1　优化主播与粉丝连麦的具体方法

方法	具体内容
1	提前做预热蓄水，明确主题，建议选择的主题贴近生活
2	大V连麦过程中接入粉丝，将话题平民化，能有效增强直播的可看性
3	邀请头部大V空降，可为博主破圈引流，有利于博主涨粉以及破圈传播
4	根据热点时间及发酵阶段，确认连麦时间及连麦嘉宾
5	持续开播建立个人IP和粉丝心智，使粉丝认同且习惯连麦模式，促进粉丝与主播间的互动

5.3 中场互动的注意事项

5.3.1 兼顾所有，让所有粉丝都有参与感

直播间是一对多的聊天形式，对于主播而言最难的是兼顾到每位粉丝。主播要努力调动现场气氛，并尽可能地增加与粉丝的交流，提高每个人的参与感。

千万不可以一直与几个粉丝聊天，尤其是刚进入直播间的粉丝，如果得不到主播的关照，通常一两分钟就出去了。因此，主播要不断提升兼顾大局的语言技巧，具体如图5-6所示。

图5-6 兼顾大局的语言技巧

（1）设置管理员

直播间设置管理员，尤其是大型直播间设置管理员，有助于提高与粉丝的互动频率和扩大与粉丝的互动范围。在主播忙得应接不暇时，管理员可以进行辅助聊天，包括制造话题、调动气氛、场控以及处理一些琐碎的事情，从而增加粉丝活跃度与粉丝黏性。

下面是淘宝主播陈洁kiki的某个直播中的一段话，很好地诠释了管理员在互动中的作用。

主播："这个鞋子你们有刷吗？我知道你们今天一定会买，这个鞋子我一直在穿，非常非常舒服，很舒服，只要××元，来，准备。"

管理员："哎呀，好看，很好看，你们今天很多人是不是要买老爹裤，正好搭，非常好搭配，来，准备，3，2，1。"

（2）积极回复每位粉丝的发言

主播要积极回应每位粉丝的发言，及时互动，这样才能让粉丝有参与感，有获得感。具体要求如下：回复每位粉丝的言论，留意他们的动态。当有粉丝发言时，一定要积极回应，稍微晚一点不要紧，但不要置之不理，冷落对方；同时，要紧盯着公屏上粉丝的发言，回复粉丝在公屏上提出的问题。

（3）巧用连麦

连麦是直播带货中的玩法之一，是扩大直播间互动范围、调动互动气氛的主要技巧之一。特别是跟大主播连麦，能活跃直播间氛围，让直播不再单调、枯燥，为自己带来超高人气，延长粉丝留在直播间的时间。

然而，很多主播苦于找不到连麦对象，这是因为其总想找比自己强的大号主播。能与大号主播连麦，效果诚然不错，但如果实在找不到，不妨换个思维去想这个问题，从等级差别不大的主播入手，真诚交流，再依托自身内容，一样可以做得很好。

（4）营造家庭式的氛围

每个直播间都有以下两类粉丝。一类是土豪粉丝。这类粉丝既有钱又忠诚，几乎会购买主播推荐的所有商品，在遇到困难时也会为主播挺身而出，比如，打榜、上热门、和别的主播比拼等。另一类是普通粉丝。这类粉丝消费起来非常理性，他们对主播的忠诚度不及前者，消费时往往也只会买自己需要的。

在很多直播间，土豪粉丝与普通粉丝之间似乎存在天然的鸿沟，其实这都是主播不会兼顾造成的，往往是因为过度依赖、赞美土豪粉丝，而忽略了普通粉丝。

那么，主播应该如何维护好土豪粉丝与普通粉丝的微妙关系呢？这就需要营造一个家庭氛围，用一家人的方式、语气沟通，像家人一样交流。不要用贬低某个粉丝的做法来衬托、赞美土豪粉丝，不要让粉丝之间拉开距离，更不能让普通粉丝和土豪粉丝之间产生陌生感，而应让大家有归属感。

在直播间里，主播就是"轴心"，其任务是营造一种家庭氛围般的环境，把每个粉丝都融合到一起，让土豪粉丝和普通粉丝都能感到互相依存的力量，谁也离不开谁。普通粉丝会因为你有这样的土豪，并且自己能参与其中而满足；土豪则会为自己能让你拥有更多普通粉丝的能力而满足。

5.3.2 集中精力倾听，也是一种交流方法

罗斯柴尔德家族有一个著名的家训："少说。"这二字警言成就了罗斯柴尔德家族的兴旺，并提醒着一代代后人。少说，告诉我们，在与人交往中要多听对方说，多听听别人说什么，少发表自己的看法和意见。

很多主播认为，与粉丝的互动不应该停下来，一停下来就有可能冷场，这是错误的认识。"雄辩是银，倾听是金"，这句话在人与人交流中就显得更为重要。同样，在直播中也是如此，自己说得

多了，对方说得就少了，只有认真地倾听，才能发现对方在说什么，从而发现其需求，以最少的话语取得粉丝的认同。

当粉丝正在兴致勃勃地谈论某一话题时，必须给予对方充分的话语权，先让其说完，这才是符合一般人心理的，只有把自己内心的话倒空，才有可能接受别人的话。善于倾听有两点好处：第一，会让粉丝感觉到你对他的尊重；第二，同时可以从粉丝的话语中捕捉到更多的信息。这两点都有利于接下来的带货推销，何乐而不为呢？

那么，主播该如何做一个忠诚的听众呢？有两个关键点需要时刻牢记，如图5-7所示。

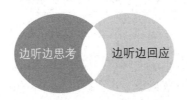

图5-7　倾听粉丝时候的两个关键点

（1）边听边思考

倾听绝不是被动地听，而是在倾听的同时不断地思考，剖析对方言辞中传递出来的信息，以便后续更好地把握粉丝的心理，洞悉粉丝的需求，寻找机会进行有针对性的推销。

比如，粉丝在谈到一个关键的话题时，要想想对方为什么这样说，自己又该怎么应对，只有不断地思考才能时刻跟着对方的思维走。一般来讲，在倾听的过程中，要思考清楚表5-2所列的7个问题。

表5-2　倾听粉丝谈话时需要思考的7个问题

序号	倾听过程中需要思考的问题
问题1	粉丝在说什么？
问题2	粉丝说这句话时代表什么意思？
问题3	他为什么要这样说呢？
问题4	粉丝说的话哪些值得相信，哪些不值得相信？
问题5	粉丝是想陈述一件事情，还是说说而已？
问题6	粉丝的话隐藏着什么潜在需求？
问题7	从粉丝的谈话中，能得知哪些购买条件？

粉丝的话犹如一张藏宝图，只要读懂了，并按照它的方向走下去，就能快速到达目的地。当粉丝正在谈论时，千万不要随便打断，而是要保持沉默，静静倾听，这往往比滔滔不绝的言谈更重要。

（2）边听边回应

粉丝说话时，主播必须集中注意力去听，而且要不断地做到心中有数，以便随后做出回应，不论是称赞、抱怨、驳斥还是警告、责难，都要仔细地聆听。这种回应不需要接过话头侃侃而谈，通常只需一句简单的话、一个信任的眼神或者微笑，鼓励粉丝说下去。

比如，当对方讲述时，一个同情的表情足以安慰对方，即使一言不发，对方也会感觉到来自你的鼓励。当对方讲得兴奋时，一个热切的眼神就会让他们更加兴奋。表5-3所列是主播在倾听过程中回应粉丝的方式。

表5-3　主播在倾听过程中回应粉丝的方式

序号	倾听过程中回应的方式
方式1	精力集中，表情自然，态度友好
方式2	看着对方的眼睛，保持目光接触
方式3	暗示对方让他把话说完，鼓励他人畅所欲言
方式4	点头或者微笑，对粉丝的话表示赞同
方式5	看着对方的眼睛，保持微笑，不时颔首
方式6	放松自己，调整身体的姿态

要想给粉丝留下好的印象，主播不能只顾独自解说，相反，要善于倾听，把握粉丝心理"适度"说话，给粉丝足够的说话权，让其充分表达自己的意愿，这样粉丝会因你是善于倾听的人，而更愿意与你交流和分享。

5.3.3　不相干的聊天，最好尽早结束

俗话说"一心不能二用"，只有让粉丝把所有注意力集中在自己谈论的话题上，才不会被粉丝牵着鼻子走。然而，在实际交流时往往不是这样，绝大部分粉丝都会有意地将话题转移开，结果是很多主播总是被粉丝牵着鼻子走。交谈了半天，也无法进入正题，涉及商品问题，只能不了了之。

与粉丝交流，要将谈话的主动权牢牢握在自己手上。在沟通时，要在粉丝心中构建一种有效的"刺激"，不断地对粉丝心理进行有效的刺激，即把他们的关注点转移到商品上来，同时也可以暂时屏蔽掉对其他事情的顾虑。这种刺激的强度越大，成效越好。

那么，如何说才能构建这种刺激，促使对方结束沉醉于自己的话题呢？有如图5-8所示的6种谈话技巧。

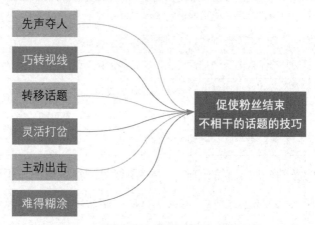

先声夺人

巧转视线

转移话题

灵活打岔

主动出击

难得糊涂

促使粉丝结束
不相干的话题的技巧

图5-8　促使粉丝结束不相干的话题的技巧

（1）先声夺人

先声夺人指的是在与粉丝沟通的时候，要抢先一步开口，未等对方完全摊开话题之前，自己就亮出话题。同时，在谈话中极力渲染气氛，以势压人，让对方完全沉浸在自己的谈话氛围中，没有精力去思考其他方面的问题。

这里有一个小技巧，就是可以不时地向对方征求一些意见，或者讨教一些解决问题的方法，或者根据自己的启发发表见解，这样做的目的就是不给对方另找话题的机会。

（2）巧转视线

谈话中，为了防止粉丝乱侃，要学会巧妙地转移对方的视线，通过细心观察某些小细节，找到对方的兴趣点。

比如，遇到一个着装时髦的人，可以夸赞对方的着装打扮，如服装很有档次、很有品位；如果是一个青春靓丽的女性，可以向她讨教护肤、购买化妆品的方法；如果碰巧天气不错，可以表现出对外面的天气或景物的关注，评论天气的好坏等。总之，主播要利用一些对方可能感兴趣的话题来转移他们的视线，可以有效地达到目的。

（3）转移话题

有时候，当粉丝正在兴致勃勃地谈论某一话题时，主播千万不要随意去打断，尽管自己明明知道这些话题与销售无关，对此不感兴趣，也不要这样做，否则可能会让粉丝感到很没有面子。

这个时候，不妨静下心来认真听对方诉说，然后趁机转移话题。比如，对方正在谈论某个人的是非，或者表达对某个人的不满，主播就可以趁机表达一些与被谈论人无关紧要的事，这样就很容易让对方封口。

（4）灵活打岔

尊重粉丝，对粉丝要有礼貌，是主播永远要牢记的一项交际原则。从这个方面来看，随意打断粉丝的谈话，硬生生地插话，反而容易激怒对方，是一种不尊重粉丝的行为。这就要求主播掌握一些技巧，灵活处理。

（5）主动出击

在与粉丝交流的时候，粉丝永远是按照自己的思路在行事，这往往会与主播的思路形成一定的冲突。如何把粉丝的谈话思路转到自己这边来，就需要主播抓住时机主动出击，否则很有可能会陷入被动，只有倾听的份，没有申辩的机会，从而最终失去这次谈话的主动权。

（6）难得糊涂

俗话说"难得糊涂"，在推销活动中，如果主播对粉丝谈论的话题实在不感兴趣，同样可以装"糊涂"，粉丝说西，你就说东；粉丝说人，你就说事；粉丝谈工作，你就谈家事。但这并不是让你真正地犯糊涂，而是装作没有领会对方的谈话意图，采用云山雾罩的计策，实则上你心里应该更清楚，就是制止对方继续谈论下去。

在日常生活中，打断对方谈话被视为不礼貌的行为，更何况你的身份是推销员，随便打断粉丝的谈话，不仅仅是礼貌问题，还会涉及利益问题。不喜欢粉丝正在谈论的话题，可以去打断，但在打断的方法方式上一定要特别讲究，不要想什么时候插一竿子就插一竿子，这样会给粉丝留下非常恶劣的印象。相反，有方法、有技巧地转换话题，才会激发对方更大的倾听兴趣。

与粉丝展开交流，最避讳的就是在一些无关紧要的事情上浪费时间，这通常是对方拒绝购买或者拖延购买的一种策略。因此，当你发现粉丝有这种倾向之后，就要寻找机会尽快结束这些不相干的话题。

第6章

活动促销话术：句句说到粉丝心坎儿上，最终达成交易

直播带货离不开促销活动，每一场直播盛宴的背后都有富有吸引力的促销在支撑。对于一场直播，主播会准备多场促销活动，如主题促销、有奖促销等，遇上节日还会有专场促销，并且会充分利用优惠券、打折卡等手段，最大限度刺激粉丝的消费欲望。

6.1 促销方式：直播间常用的促销方式

6.1.1 主题促销：师出有名，给粉丝一个购买理由

　　主题促销是指通过有意识地发掘、利用或创造某种特定的主题，来实现促销目标的一种方式。它在原本单纯、枯燥的促销活动中注入一种思想、理念，使促销活动有了情感、有了温度。

　　例如，很多大型购物中心频频采用创新主题营销，以深圳万象天地为例，自2017年开业始，万象天地围绕其年轻潮流定位和响亮的口号"趣浪来潮"，连续三年推出年轻潮流主题活动。

　　在直播营销的大潮中，凡是传播广泛的直播，肯定少不了富有吸引力的好主题。主题决定了粉丝是否有兴趣进直播间观看，因此，对于主播而言，主题策划是一个非常重要的环节。选对了主题，才能真正"撩动"粉丝的心。

　　根据促销侧重点的不同，可以将主题促销分为3种形式，如图6-1所示。3种形式促销的核心不同，有商品，有品牌，还有文化。

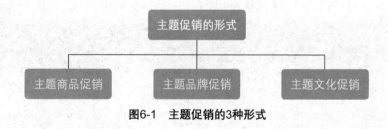

图6-1　主题促销的3种形式

（1）主题商品促销

　　主题商品促销的核心是商品，是通过主题对原有商品改进、开

发的延伸品进行促销，尽可能把更多的商品销售出去的一种方式。其主要目的是获取更高的销售额或利润，如月饼是中秋节的主题商品，主播可以通过节日等主题最大限度地销售；在情人节，花店老板也会千方百计卖掉更多的玫瑰等。

（2）主题品牌促销

主题品牌促销的重点是商品品牌的促销，它不再仅注重单一商品的销售，而是注重对品牌的建立和扩展。通过对品牌的塑造，提高企业声誉，提高企业商品的粉丝忠诚度。

主题品牌促销实际上超出了主题商品的层次，它的目的不再是短期的销售，而代表长期的具有持续性的利益。从竞争层次上讲，主题品牌促销已经上升到品牌的竞争，它表明对粉丝利益的进一步拓展和维护。

（3）主题文化促销

主题文化促销则是更高层次的主题促销方式，它的促销重点不是具体的商品或某一个品牌，而是主题中蕴含的文化。

比如，就美妆市场而言，体现的是女性文化。女性文化是指导消费者节日活动和购买行为深层次的东西，它影响着女性的消费行为和内容。其通过精心设计的主题商品和适当的主题促销活动，去满足女性内心的愿望和需要，使女性消费者达到一种心灵上的共鸣。

主题文化促销的目的是达成商品文化和女性文化的和谐与融

合，粉丝在消费过程中不仅能获取物质利益，更有一种文化的交流和精神的愉悦。

可见，无论促销的核心是商品、品牌还是文化，确定主题是一个不可忽视的环节。因此，主播在直播前要确定主题，在直播过程中要不断强调直播主题，依托主题呈现商品的优点和特点，增加其价值，给粉丝一个购买的理由。

6.1.2 限定促销：限定时间和数量，让粉丝有紧迫感

"物以稀为贵"的心理始终刺激着大众的消费行为，限定促销法就是充分利用了这一心理。其通过限定商品的促销时间、数量，创造一种稀有的氛围，让粉丝感到商品的与众不同。限定促销是直播间常用的促销方法，如图6-2所示。

图6-2　某直播间的限定促销活动

该方法适用于独家专卖商品，该商品只能在本直播间买到，其他地方均难以寻觅到。限定促销有4种形式，如图6-3所示。

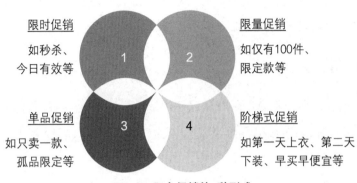

限时促销
如秒杀、
今日有效等

限量促销
如仅有100件、
限定款等

单品促销
如只卖一款、
孤品限定等

阶梯式促销
如第一天上衣、第二天
下装、早买早便宜等

图6-3 限定促销的4种形式

做好限时促销的关键是打造限时品。限时品通常由厂家或商家而定，但由于主播是直接执行者，往往也有很大的权限。那么，就主播而言，应该如何打造限时品呢？可从以下两个方面入手。

（1）确认限定时间、数量与折扣力度

限时促销首先是对时间、数量、优惠力度进行限定，所以在使用限定促销时，首先就是要明确限定的这些元素。同时，发布消息、召集目标消费者，比如，在官网、平台进行宣传，让进入直播间的粉丝都能看到，并且在直播过程中要不断地向粉丝明示、强调。

同时，要确认优惠的力度，因为限定促销往往是与优惠同步

的，既然是限定就必定有优惠，而且一般来说优惠力度是很大的。较大力度的优惠会让粉丝感到紧张，认为错过可能再也没有如此的优惠，也正因为如此，才能刺激消费。

目前，在直播带货中，每个场推出的时间短暂，大多在2个小时左右，限量售卖，折扣力度大，以原价1～5折销售。

（2）情感溢价

粉丝之所以热衷于限时品，往往不是看重商品自身的价值，而是看重了依附于商品的情感溢价，比如，独特性、社交等方面的需求。

🔊 **案例1**

尼尔森中国脑神经科学及创新咨询团队于2019年曾作过一项关于中国消费者消费行为的研究，结果表明：中国消费者平均只会花3～7秒的时间便决定购买哪个商品，在这短暂的时间内，64%的消费者会购买包装更吸引人的商品。包装其实就是一种溢价，满足了人对美、独特性的需求。

这种现象在直播带货中表现得更为明显。因此，主播在打造限时品时，一定要在商品自身价值的基础上附加一定的情感价值，满足粉丝的情感需求。

6.1.3 节日促销：重视节日，营造"仪式感"

节日促销是商家惯用的手段之一，尤其是最近几年，随着电商的崛起，节日促销尤甚，有些电商一年的业绩任务靠几个节日的促销基本上就够了。其实，这种促销方法也同样适用于直播带货。

那么，在直播中如何进行节日促销呢？

（1）确定最合适的节日

节日促销效果很好，但不要盲目做，除了一些特殊的节日，比如，双十一、618等人为制造的购物节之外，其他传统节日都需要有选择地做，要知道在相应的节日适合做哪些促销，选择最适合品牌和商品调性的日子。

比如，元旦、春节，主销服装、鞋子、围巾、帽子；情人节属于较为浪漫的节日，饰品、珠宝、手表、箱包等都是热销品；母亲节，饰品、珠宝、箱包等礼品类及情怀类商品比较受欢迎；父亲节，小电器、手机等为热销商品。

（2）确定直播的标题文案

经常看直播的人都知道，在进入直播间之前，粉丝会看到一个直播标题文案。这个标题文案非常重要，是促使粉丝进入直播间的最主要促动因素。标题文案写得好，可以激发粉丝对直播内容的兴趣，直播文案如图6-4所示。

直播标题文案有一个通用的格式，即节日/季节＋商品＋利益诱导。以节日开头，然后写明品牌或商品信息，再写粉丝能享受到的利益，比如，打折、满减、秒杀、福利等。

图6-4　某直播间的直播标题文案

这种格式既带有明确的促销、做活动的目的，又比较通俗易懂。借助节日/季节对某个品牌或商品进行利益诱导，能够在极短的时间内吸引目标客户，比如，如图6-5所示的案例。

图6-5　某直播间的节/假日促销

6.1.4 借力促销：借助社会热点或爆点新闻

在快速发展的网络时代，热点意味着大量关注和流量，而做直播是汇聚流量的重要方式。为了更好地获取流量，主播在做直播时需要有发现热点、挖掘热点的能力，并以此为基础形成良好的带货氛围。

然而，大部分主播对热点的把握并非那么精准，无法在第一时间抓住先机。热点最大的特点就是关注度高、时效性强，如果抓不住或者抓得晚了，即使借助某一热点事件直播也很可能会没人观看。抓热点是一把双刃剑，当网友第一次看到时会觉得新鲜，第二次看到也许觉得还可以，但第三次甚至更多次后反而会产生厌倦情绪。

那么，主播如何借助热点呢？可通过如图6-6所示的4个步骤去做。

图6-6　直播话术与热点关联的步骤

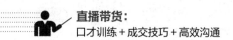

（1）关注热点现象和风向

直播话术与热点进行关联，前提是必须关注热点现象和风向，时刻紧跟市场的发展、变化趋势。比如，"王者荣耀""绝地求生"火热的时候，很多主播抓住这一波红利，凭借自己的直播技巧，顺势而为，吸引粉丝关注。

（2）抓住热点，快速出击

当判断清楚一个热点现象在市场中的影响力时，主播就需要抓住这个热点，主动快速出击。这时话术中就可以加入一些热点元素，以完美结合热点，做出符合更多粉丝需求的直播。

◀)) 案例 2

> 以妃凌雪为例，在吃鸡招募主播大势推广的时候进入，很短的时间就抢占了先机，占得了吃鸡一姐的席位。在新的热点和新的领域开拓的时候，往往是最好的机会，平台会热捧主播，厂商也会寻找自己商品的推广代言人。就连头部主播在吃鸡风口的时候都会转变风向来获取更多的曝光。

主播作为走在时代前沿的群体，要时刻关注热点、社会事件、社会现象的发展。

（3）提炼热点关键词

提炼热点关键词，目的是将其植入话术中，这是话术与热点进行关联的最初级做法。主播要学会利用热点关键词汇做噱头，热点词汇往往是最能吸引人们眼球的东西。在互联网时代，网上的热点词汇和事件往往能够带动粉丝的传播和分享，成为风靡一时的热词。

🔊 **案例3**

斗鱼游戏主播大司马的"瓜皮""真的很皮""不存在的"，英雄联盟项目电子竞技选手、主播PDD的"皮皮虾"，哔哩哔哩抽象工作室的"内蒙古海军司令"等，都一度相当令人关注，成为主播和粉丝互动的符号。

一般来说，主播要想扩大影响力，提高知名度，就需要在直播主题中植入热点，让粉丝通过这个标签就能感受到主播的内涵。

（4）将热点新闻搬进直播间

为了满足粉丝猎奇的心理，对热点的运用可以由点扩展到面。如果只引用某个热点词汇是点，那引用整个热点新闻、事件就是面，从点到面是一个逐步深入的过程。

比如，在直播中抛出一些重磅炸弹新闻或当时社会新近出现的爆炸性事件，这是一个很大的面，可以给粉丝足够的刺激和新鲜感。主播可以用这些噱头打开粉丝的好奇心，因此让粉丝走进直播

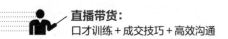

间，吸引粉丝观看。

在这方面，抽象工作室可以说是做到了"引领"。

▎🔊 案例 4 ▎

抽象工作室创造了网络直播的很多梗，直播内容劲爆有料，吸引了一大波"嗨粉"，就连很多明星也是隐藏的"嗨粉"。

虽然说这种网络文化不一定得到很多人的认可，但是抽象工作室确实有一段时间影响了很多粉丝的追随，2017年网络热度词汇很多由抽象工作室创造，粉丝就喜欢在6324直播间听他们聊最新的"八卦""吐槽"。

需要注意的是，在直播中抛出的炸弹性信息不一定要真的多么劲爆，只是在话题、标题等方面抛出粉丝感兴趣的话题，吸引粉丝前来围观，然后再在直播中带去干货。当然，在引用热点时不能违反社会道德底线、平台红线。

因此，想要通过直播搞大新闻、获得更高知名度，必须在直播话术中加一些"料"，以引导粉丝参与，并及时分享。

6.1.5 有奖促销：给予奖励，让粉丝多一点期待

有奖促销是指通过抽奖、抢红包、有奖征答、有奖问卷、大奖赛等手段吸引消费者购买商品、传达品牌和商品信息的一种促销行为。

抽奖、抢红包、免费送等有奖促销活动，直播中常常有，为了

更加强化吸引效果，主播会在直播屏中以最显眼的方式展示出来，如图6-7所示。这种方式的杀伤力确实挺强，能给粉丝一种有便宜不占白不占的感觉，当然引流效果也非常好。

图6-7　某直播间的有奖促销活动

不过，需要注意的是，在直播间进行有奖促销活动很容易触犯平台红线，平台对有奖活动管控得很严，稍有不慎就有可能被封号。这就需要主播一定要谨慎，在不违反平台规定的前提下进行，更不要以抽奖为噱头走形式、搞虚假。

下面以氧秀直播为例，平台对主播的抽奖行为进行多项规定，如表6-1所列为氧秀直播对直播间抽奖行为的规定。

表6-1　氧秀直播对直播间抽奖行为的规定（部分）

项目	内容
详细规则	1）发起抽奖：绑定手机的玩家、主播皆可发起互动抽奖。发起时需在官方给定的范围内选择抽奖的奖励和条件。 2）参与抽奖：任何用户，只要满足发起者设置的抽奖规则，皆可参与抽奖（同一用户每个抽奖仅可参与1次）。 3）开奖规则：根据发起者设置的规则，满足开奖条件后即从已参与的用户中选出中奖用户。中奖用户收到"中奖"提示后，请主动联系主播要求发奖。 4）如发起者未履行发奖义务，记录主播房间号和详细的中奖记录后反馈至在线客服，官方将会进行提醒或者处罚。 5）若参与人数只有1人，本场抽奖将会被流局。 1.2 抽奖活动由玩家和主播发起。除氧秀直播平台限定的既有方式外，发起者不得自定义中奖规则和任何领奖附加条件，此类附加规则和条件一律无效。 1.3 发起者仅可在氧秀官方给定的范围内发起抽奖，不得自定义中奖规则和任何领奖附加条件，一经发现，按违规操作处理。 1.4 抽奖规则及本协议唯一解释权归氧秀直播所有。发起者如有异议，应立即停止使用互动抽奖；如继续使用互动抽奖，视为同意。 1.5 互动抽奖仅用于主播和玩家之间的互动，增加直播间的玩法。如官方发现有蓄意利用互动抽奖组织涉嫌赌博、传销等其他违法行为。氧秀直播将视情况向有关部门举报或自行根据互动抽奖规范处理
发起抽奖	2.1 发起者对奖品的设置应当符合法律规定、氧秀直播规范，不得以虚假或故意误导用户方式设置奖品。奖品需真实、准确，对于任何非法、违背道德的奖品，一经发现，按违规操作处理。 2.2 抽奖奖品数量无上限，一经发起不可修改。如有疑问，请联系客服。

项目	内容
发起抽奖	2.3 每次抽奖设置的参与人数不得少于2人。 　　2.4 发起者可设置参与抽奖的条件，① 奖品类型：发起可以从礼物栏里挑选礼物让粉丝赠送，礼物数量不得小于1个。② 参与方式：主播可以选择用户通过口令或礼物参与抽奖，两种方式不可同时选择。③ 口令抽奖：发起者定义发言内容，限制12字，注意文明用语，部分敏感词汇会屏蔽。④ 礼物抽奖：发起定义参与的礼物及数量，礼物数量不得小于1个。 　　2.5 所有符合条件的用户都可以参加活动，发起者不得额外收取任何费用，如有违规，用户可向客服进行举报
兑奖规则	3.1 用户参加抽奖活动，如遇到奖励为氧币和礼物等无须提供联系方式时。奖品将在中奖的15分钟内自动发放至中奖用户的个人账户。 　　3.2 用户参加抽奖活动，如遇到需要提供联系方式、个人信息时，应在中奖的3日内及时将信息发送给发起者，并保持满足抽奖条件不变，如未在期限内提供相关信息，发起者有权视用户放弃中奖资格。 　　3.3 发起者应当保证中奖用户提交的相关个人信息的安全，严禁外泄。如出现泄露个人隐私等侵权行为，相关责任由发起者自行承担。 　　3.4 发起者应在收到中奖用户相关信息的7日内按照中奖用户填写的信息进行奖品发放。如使用物流寄送发生纠纷，由发起者与用户自行解决
违规操作及处理	4.1 如发起者实施下述行为，氧秀直播有权根据违规情况对发起者进行警告、暂停使用、封房、扣除氧币或氧豆、收回账户等处理： 　　1）主播设置的奖品不符合本协议规定的奖品规则或氧秀直播其他规范、规则；

续表

项目	内容
违规操作及处理	2）主播实际兑奖不符合本协议规定的兑奖规则或其他规范、规则； 3）主播对奖品领取规则描述不清或擅自收取中奖用户费用； 4）其他违反相关法律法规、氧秀直播其他规范、规则的行为。 4.2 如用户以任何不正当手段（包括但不限于注册多个账号、使用外挂等）行为参与抽奖活动，氧秀直播一经发现可采取警告、暂停使用、禁言、收回账户等处理

直播间的抽奖一般有两种方式：第一种是直接使用平台上的抽奖功能；第二种是定制自己专属的抽奖活动。

（1）使用平台抽奖功能

很多直播App已上线直播间抽奖功能。一般来讲，使用平台上抽奖功能，直接发起抽奖活动即可。主播只需在发起直播后设置奖品及抽奖条件，系统即会在设置时间内自动开奖；用户在观看直播时，只需要点击抽奖图标，根据引导完成抽奖任务，即可成功参与。

（2）定制专属抽奖活动

除了使用直播间抽奖功能，主播也可以开启脑洞，用满满的创意"定制"自己专属的抽奖活动，通过简单的互动或小游戏来进行抽奖。

与游戏进行结合，具体设置步骤如图6-8所示。

确立抽奖主题

设计出一个有创意、简单、极具吸引力的主题，内容具有趣味性，能够吸引粉丝的注意力，而且要将商品或品牌信息巧妙地融入其中。

设定参与条件

直播抽奖活动参与条件越低越好，通常有4个条件，分别为"分享直播间""关注主播""分享评论""在本场直播间中下单"，满足其一即可。

设置不同层次奖品

奖品设置原则是以大奖吸引人，以中、小奖平衡其心。大奖可以是小汽车或出国旅游，中奖一般为商品，小奖一般为纪念品。

游戏与抽奖同时进行

游戏一般与免费抽奖、即时开奖、竞赛等活动同时操作，同时也可以把优惠券等促销方式融合在一起。

图6-8　抽奖活动与游戏结合的步骤

需要注意的是，在单场直播中，发布抽奖任务的次数、奖品的数量都是有限制的。例如，腾讯看点直播规定单场直播抽奖任务不能超过20次，每次抽取的奖品不能超过100份。因此，一场直播中如果需要多次抽奖，必须等上一次抽奖结束后或者手动关闭上一次任务，才可以开启下一次抽奖任务。如果主播在一场直播中发布多次抽奖，则要选择是否允许同一个粉丝参与多次抽奖。

6.2 促销话术：促销话术要迎合粉丝的心理

6.2.1 有优惠喊出来，制造心理落差

每个人都有这样的经历：去商场消费时总会得到商家的一些代金券或者打折卡之类的优惠。这是商家给予消费者的福利，也是为了刺激消费欲望、提升服务质量、丰富服务方式而采用的一种手段。

这种手段符合大多数消费者的心理，在直播带货中，如果商家为商品匹配了"打折券""代金券"等优惠，主播一定要充分利用，在直播时大声地说出来。例如，"话不多说，我们先来抽波奖。"不只是在直播开头，要想留人，各种福利要贯穿全场，比如，限量1元/9.9元、包邮秒杀、送×××、3折促销、买二送二等利好的政策。

图6-9 直播间的优惠展示

与此同时，要尽可能多地通过多种途径让粉丝看得见优惠，如图6-9所示，这些优惠直接决定了粉丝的购买心理，可促使消费者现场消费。

代金券、打折卡等促销工具使用得当会锦上添花，一方面可以留住粉丝，另一方面也是对商品的间接宣传。因此，一定要重点强调，不断、

重复地告诉粉丝，将这个信息灌输到粉丝的头脑中，最大限度地体现出它们的价值。

那么，主播应该如何在话术中巧妙体现打折券、代金券这些优惠的作用呢？具体做法如图6-10所示。

图6-10　巧妙体现打折券、代金券优惠作用的话术

（1）结合粉丝需求

无论多么丰厚的优惠、多么诱人的折扣，都是为推销商品而服务的。主播在向粉丝传递这种信息时，要结合商品需求、商品特征，巧妙、灵活地去阐述，只有这样才能让这些辅助销售的部分增光添彩，将其作用发挥到最大。

（2）将赠送变成奖励

很多主播在给粉丝赠送代金券、打折卡时会有一种错误的心理，认为只要赠送东西，就一定能打动粉丝，粉丝就一定会喜欢。其实不然，现在很多粉丝非常理性，他们宁愿多花钱，也不愿意买价廉、质次的商品。

所以，主播在直播时不要说"我的商品是多么便宜，能享受到多少优惠"，否则就会让粉丝觉得你只是在耍一种促销手段而已。那么，怎么让粉丝没有这样的想法呢？可以换一种思路想这个问题，那就是让"折扣""代金券"这些让利方式变成一种"额外奖励"。

将赠送变成额外奖励，最大的好处就是会引导粉丝的消费心理发生转变，从而也会让折扣发挥更好的作用。

（3）先小后大，先少后多

每个人或多或少都有贪婪之心，永不会满足。比如，在得到5%的折扣之后，想得到10%；在得到100元的代金券后，想得到200元、300元，甚至更多。

所以，主播在向粉丝阐述这些代金券、打折卡优惠时是需要讲究技巧的。这里有一个技巧，即遵循循序渐进的原则——先小后大，先少后多。

只有把这些综合起来，才能让优惠为商品服务，才能真正地发挥吸引和激励的作用，最大限度地激励粉丝购买。

（4）不断重复，多次提醒

对于直播间的优惠，要不断重复、多次提醒，5～10分钟提醒一次。因为直播间会不断有新进入的粉丝，你前面讲过的福利，如果不重复表达，后进入的新粉丝就没办法留住。具体可以这样说："直播间的粉丝宝宝们，12点整我们就开始抽免单了，还没有点关注的宝宝上方点个关注，加入我们的粉丝团，12点整就可以参与抽免单了，还可以找我们的客服小姐姐领10元优惠券。"

6.2.2 利用忠粉的口碑，让商品不愁卖

乔·吉拉德根据自身经验总结出了一个定律：250定律。其意思是每一位粉丝身后大约有250名亲朋好友。这说明如果你赢得了一位粉丝的好感，就意味着赢得了250个人的好感；反之，如果你得罪了一名粉丝，也就意味着得罪了250名粉丝。

每位粉丝背后都有着庞大的人际资源，善于挖掘、利用这些资源，将会大大促进推销的进程。

直播间粉丝在购买商品时，也会不同程度地受到其他粉丝的影响。有人曾做过一项调查，40.4%的人绝对相信身边朋友的推荐，这是一个多么恐怖的数据。由此可见口碑的力量，金杯银杯，不如他人的口碑，利用粉丝，尤其是忠粉的口口相传，扩大直播间商品的影响力是一种非常高效的带货方式。

做直播要充分利用忠诚粉丝的口碑。那么，如何激发粉丝为自己进行良好的口碑传播呢？通常可以用如图6-11所示的4种方法。

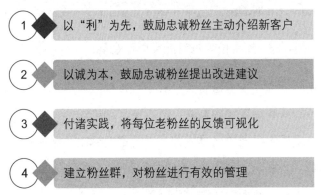

图6-11　激发粉丝良好口碑传播的技巧

（1）以"利"为先，鼓励忠诚粉丝主动介绍新客户

作为主播必须让忠诚粉丝成为自己的"推销员"，而且需要采取一定的措施，让粉丝持续不断地为自己输出，心甘情愿地向自己介绍新客户。最有效的方式是保持"以利为先"，只有让对方有利可图，对方才肯付出。比如，在直播间看到有这样一个文案："老粉丝携新粉丝莅临直播间，可获得×××。"这句话虽然看似简单粗暴，但确实抛出了非常大的利益诱惑，肯定会促使老粉丝采取行动。

（2）以诚为本，鼓励忠诚粉丝提出改进建议

忠诚粉丝的意见和建议，对新粉有非常大的触动，主播把这些东西展示出来，能有效地促使他们下决心购买。

每次完成直播后，主播可以多收集一些粉丝的反馈信息，比如，问对方："对我们的服务满意吗？"如果粉丝满意，那就抓住机会让他们写下简短的个人意见或推荐语等。

（3）付诸实践，将每位老粉丝的反馈可视化

让粉丝为商品做口碑宣传，并不仅仅局限于话术，如果能用照片、视频等这些可视化的东西，更容易打动粉丝。

一位主播每次向粉丝推销商品时，都会拿出一组照片，上面是以往忠诚粉丝围在他旁边谈笑风生的情景。将这些照片用于推销中，能起到很大作用。尤其是当新粉对商品有质疑时，他都会讲述

这些照片背后的故事，很快就能赢得信任。

（4）建立粉丝群，对粉丝进行有效的管理

优秀的主播在直播过程中会积累大量粉丝，有了粉丝还需要对其进行管理，这时可以建立一个群。利用群可以进行活跃粉丝、定期发福利给粉丝、解答粉丝问题、收集粉丝的需求，这样就可以有效地增加粉丝的黏性。

主播可以利用直播平台建群，也可以建立第三方平台的群，比如，QQ群、微博群、微信群，需要注意的是，在引导粉丝加入第三方平台群时，要注意平台规则，如果平台有明确的禁止事项，则坚决不能做。

另外，在建立粉丝群时要注意以下5点，如表6-2所示。

表6-2　建立粉丝群的注意事项

序号	注意事项
1	群等级不要低，群名要与你带货商品的特点或你自身的特色有关
2	选几个靠得住的有号召力的粉丝做管理员，组成良好、稳固、有力的核心团队
3	提高粉丝活跃度，经常发红包、玩玩游戏、进行互动
4	设置相册分类：其他粉丝开守护的截屏、粉丝送礼物带特效的截屏、你的生活照片、特别粉丝的相册
5	直播时多多宣传一下自己的群，引流过去，保证群里时常有新人加入

6.2.3 利用从众心理，营造抢购氛围

很多人见过这样的情景：商店门口排了一条长队，路过的人纷纷加入队伍中来，不一会儿人就聚集很多。事实上，队伍中绝大多数人没有明确的购买意愿，只是出于好奇心想看个究竟，而这份好奇心可能就会转化为购买行为。

是什么心理促使这么多人在不知情的情况下贸然加入队伍中呢？很多时候，人的心理就是这么奇怪，容易被身边的人或事感染，喜欢凑热闹。对于未知物品，人们总是喜欢选和其他人一样的，毕竟多数人的共同选择能给人带来安慰和认同感。据此，主播在直播间也可以营造抢购氛围，让粉丝主动购买。

于是，我们经常在直播间听到主播说这样的话：

> "这个口红色号现在已经卖到断货了！"
>
> "今天的爽肤水套装限量×××套，已经卖出××套了！"

在直播过程中，主播应该利用人的从众心理来促成交易，以减轻粉丝对商品的抗拒，尤其是新进入直播间的粉丝，看到大家都在买也会买。他们会把大多数人的行为作为自己的参照。如果很多人围观，没人购买，大部分人也都是看看，凑热闹，但只要一个人开始购买，其他人也都会纷纷去购买，无形中就增强了其购买的信心。主播利用此法促成订单，往往较为容易。

在众人的影响下，队伍不一定是有形的，但在心理上是有形的。从众成交法就是利用了人们的从众心理，意在创造一种争相购买的氛围，促使粉丝迅速做出购买决定。但这种效应也不是绝对的好，容易被一些不良主播利用，搞虚假交易，会严重影响到直播带货在大众心目中的印象。因此，要想取得良好的效果，还需要注意两点，如图6-12所示。

图6-12　避免虚假交易应该注意的两点

（1）商品质量一定要有保证

商品质量是利用好粉丝从众心理的前提。只有先在质量上获得了粉丝认可，粉丝才可能真正地去购买，甚至多次购买。否则就是一种欺骗，你组织那么多人购买，最终却因商品质量不过关而功亏一篑，损失的不是一单生意，而是人心，这些人很快会为你"扩散"出去，让你在直播带货中永远无法立足。

利用从众心理只是增加流量的一种手段，当流量引进来之后，如何提高留存率呢？那就必须依靠商品质量。真正稳固粉丝心的还是商品质量，如果粉丝购买商品后发现质量不过关，那么他是不会再去你的直播间的。

（2）发挥忠诚粉丝的带头作用

尽管大多数人有从众心理，但很少是盲目从众，主播在营造从众氛围时，必须找到有说服力的"带头大哥"，否则粉丝也不会为之所动的。主播要尽可能选择那些大众熟悉、具有权威性的、对其他粉丝影响较大的人作为带头人。比如，忠诚粉丝，他们肯定是第一批大头购买的人，并且对商品有深刻的理解，愿意分享。

值得注意的是，这些都必须建立在事实的基础上，既不要夸大事实，更不要随意捏造，否则一旦被揭穿，粉丝就会产生被欺骗、被愚弄之感，这样将永远失去粉丝。

利用从众心理营造抢购气氛、带动粉丝购买是一种非常好的促销方法，但同时也具有极大的不稳定性。现代社会是一个崇尚个性的社会，很多人求新求异，不喜欢追随大流，所以主播应该注意到一点，并不是所有粉丝都适合使用这种方法，对于那些追求与众不同、有个性的粉丝来说，反而容易引起其反感情绪。

6.2.4 善用服务保证，解除粉丝的后顾之忧

在这个服务制胜的年代，客户已经不再单纯地追求商品的质量，配套的服务成为不可缺少的内容。谁能为客户提供更好的服务，谁就能更好地抓住客户的心。

美国汽车大王亨利·福特曾说："要把服务客户的思想置于追求利润之上，利润不是目的，只是为客户服务的结果而已。"在当前这个服务至上的时代，消费者越来越注重精神层面和心理层面的

感受。因此，主播在推销商品的同时，要注重提升服务质量，这是商品的一大卖点，做好相关服务能大大增加商品的附加价值。

主播在向粉丝介绍商品时，需要兼顾这一需求变化。目前，直播带货重在服务的提升，谁能在服务上前进一小步，就可以实现业绩上的大跨越。

那么，哪些服务具有优势呢？至少要符合如图6-13所示的3个特征。

专业化服务　　　形式多样化的服务　　　手段多样化的服务

图6-13　直播带货服务的特点

（1）专业化服务

专业化是全程服务最基本的特点，通常是由专业人员或团队来精密策划、高效执行，让粉丝享受到专业性极强的服务。

（2）形式多样化的服务

形式多样化的服务不仅包括围绕核心商品开展的专门服务，还包括相关的服务，比如，技术服务、维修服务、保养服务、使用培训服务等"一站式服务"。由此可见，为粉丝提供系统化、系列化的销售服务，目的是扩大服务范围、提高服务质量、使服务增值。

（3）手段多样化的服务

多样化摆脱了手段单一的缺陷，这也是未来服务全面化的内在要求，现在有很多企业实现了生活中与互联网相结合的模式，多渠道、多手段、多方式综合进行，与传统服务方式相比，更能满足粉丝的需求。

在整个直播过程中，服务是不可少的组成部分。要想使商品被粉丝认可，首先必须建立完善的服务体系，使粉丝在购买过程中能享受到专业、全方位、周到的服务。有了完善的服务保障体系，才能增强粉丝的购买信心。

6.2.5 利用促销道具，进行辅助营销

为了更好地宣传、展示商品，扩大商品在粉丝中的影响力，有时候必须借助一些促销道具。这些道具能增加商品的附加值，每一个道具都可以为商品增加一项附加值。

主播在推销之前，要有意识地准备一些有利于促进销售的"道具"，比如，设置商品展台，有意识地将粉丝向这方面引导，如图6-14所示。

主播可以利用身旁张贴的海报、LED演示道具、赠品以及POP夹子

图6-14　直播间的带货道具

等，辅助带货营销。常见的促销道具如图6-15所示。

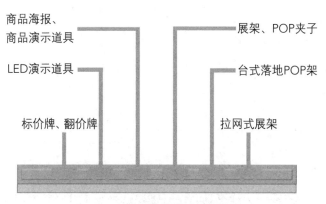

图6-15　直播带货的常用促销道具

明确了道具的种类，还需要在选用上注意一些事项。也就是说，要使这个附赠的值得到最大化的体现。比如，推销一台笔记本电脑、高档手机、游戏机的时候，赠送一款迷你的应急充电器。这个"赠品"的作用就充分显现出来了，既弥补了商品耗电快的缺陷，解决了充电麻烦的烦恼，又提高了粉丝对公司、商品的美誉度和忠诚度。下面将具体介绍一下选用原则。

（1）现场演示

现场演示要与当时的情景相结合，以能体现现场气氛的原则为主，利用气氛激发购买激情。

老罗在他的直播中，不断穿插着商品的现场演示、邀请嘉宾上台分享、视频短片的播放等环节。这些环节的作用就是帮助演讲者不断提高粉丝大脑的活跃度，让他们保持兴奋。

老罗直播中非常重要的环节之一就是现场演示。现场演示不仅仅是把商品拿出来让大家看看而已，更是当场进行操作，让观众更真切地了解到你的商品究竟是什么样子。人们常说"耳听为虚，眼见为实"，无论对商品的描述有多好，亲眼看到都要比口头描述生动得多。

（2）与主商品相关联

使用道具是为了加深粉丝对主商品的印象，提高主商品知名度。所以主播在选择道具时，一定要选择与主商品相配套、关联比较紧密的东西。如果促销道具和主商品毫无联系，就很难起到相应的作用。

（3）紧扣粉丝的消费点

道具要精美而有创意，紧扣粉丝的消费点。好的促销道具可以很好地帮你说服粉丝，但是，如何在实用、保证质量的基础上让粉丝感兴趣，这就要求道具在设计上要精美而有创意。比如，在商品上印有公司或商品的标志，或者是同一类商品，在设计上要变化一下，一个小小的创意就可以盘活整个市场。

（4）赠品质量一定要过关

大多数消费者对附赠的商品都有质量次的不良印象，这是因为大部分商家常常用一些劣质的商品来骗取粉丝一时的信任。但是，主播却要注意，提前准备的一些促销道具可以是一些小商品，但质量一定要过硬，劣质赠品不如不送，一旦让粉丝察觉，反而会让粉丝对你的主商品产生怀疑。所以，即使是一些附赠品也要质量过硬，与主商品保持一致。

促销道具是拓展主播和粉丝交流的一种重要手段，不同的道具对粉丝的暗示作用是不尽相同的，选择什么样的道具、如何利用好道具，是一个重要的方面。有经验的主播在向粉丝介绍商品时，会巧妙地利用身边道具等，以此来打开话题。在直播过程中，若能灵活掌握，往往会收到意想不到的效果。

第7章

异议化解话术：
找到分歧点，消除粉丝的异议

主播与粉丝之间不可避免地会产生很多异议。例如，商品质量异议、商品价格异议、售后异议等。这些异议都会大大限制商品的带货量。如果主播处理不好这些异议，不但做不好直播，而且主播生涯很有可能会被断送。

7.1 找出问题：找准问题是解决异议的根本

7.1.1 积极引导，让粉丝说出"问题"所在

当粉丝出现抗拒、拒绝购买或退出直播间等行为时，主播就要注意了，这时粉丝已经对你或商品有异议，产生了不满。诸多事实证明，当粉丝有异议时，很大一部分人不会直接说出来，而是以其他方式间接地表达。比如，以商品价格太高、质量不可靠、对其了解少等作为托词，推托你的介绍。这时主播就要善于引导，鼓励粉丝说出问题所在，寻找问题根源，找出解决办法。

那么，如何进行引导呢？可以通过3个步骤，如图7-1所示。

采取积极的
鼓励措施

认真倾听，
认真沟通

对粉丝的异议
表示认同

图7-1　消除粉丝疑虑的3个步骤

（1）对粉丝的异议表示认同

粉丝的任何异议并不可怕，很多时候其不是完全地拒绝，而是想去更深入了解的信号。因此，面对粉丝的异议，主播正确的态度

是先认可，以积极的态度去面对，对粉丝表示理解，为他们创造一个好的渠道，把不满发泄出来。

（2）认真倾听，认真沟通

很多时候，粉丝的异议无法得到解决，是因为缺少沟通。当粉丝对商品不满时，或者对你本人不满时，一定要重视起来，认真倾听，并把自己认为重要的地方让助理记录下来，并表明态度，以示负责。即使有些问题由于客观原因，最后无法得到圆满解决，你的行动也一定要让粉丝感到满意，从而使矛盾趋于平和。

（3）采取积极的鼓励措施

主播找到了粉丝犹豫不决的原因，然后要及时地解答，帮助粉丝确定购买意向，提出解决方案，让粉丝进入角色，自发购买。

粉丝犹豫不决，有时是因为性格问题，有时是由于其对商品有异议。主播在提出解决办法之前，一定要先辨清粉丝的异议类型。针对前者侧重于心理引导，这类人天生优柔寡断，这时不必急于催促对方购买，而是先获取其信任，消除戒心。针对后者侧重于及时补救，因为他们的异议来自对商品的不满，让其看到实际利益才有效。

在直播中，粉丝的犹豫不决更多来自对商品的不了解。面对这类粉丝，主播一定要保持冷静，正视问题，能当场解决的一定要当场解决，不能当场解决的要记录在案，从长计议，真正做到把粉丝的利益放在首位。

7.1.2 准确提问，与粉丝进行一场深入沟通

解决一个问题只是对知识和技能的简单运用，而提出一个新问题则需要有创造性的思维。真正会沟通的人，必定是一个提问"高手"。在唇枪舌剑中，被动地回答只能被对方左右，而巧妙提问则能占据主动。

主播在与粉丝交流时不能被动应答，这样就容易被粉丝控制，从而失去交流主动权。提问是引导话题、展开交谈的一种好方法。对于欲购买商品的粉丝，主播有时可以通过提问的方法引导，让他们自我排除异议，自己找出答案。

在直播带货中，巧妙地提出问题是非常重要的，通过与粉丝的一问一答逐渐把粉丝的谈话引到自己的思路上来，启发对方去思考，发表自己的意见与看法，然后再"对症下药"，逐渐找到目标。那么，主播应该怎样正确地提问呢？

（1）把握提问时机

适时提问是掌握谈话进程、争取主动的一个机会，但是何时提问确实非常有讲究。通常有以下3个时机，如图7-2所示。

在自己发言前

在粉丝发言停顿、间歇时

粉丝讲话完毕之后

图7-2　提问的3个时机

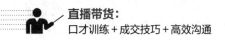
1）在自己发言前

直播中出现的第一个提问时机是在自己发言前，此时并不一定要求粉丝做出回答，而是自问自答。这样做是为了最大限度地争取主动，防止粉丝接过话头，中断自己的发言。

例如：

① "您刚才的发言要说明什么问题呢?我的理解是……"

② "对这个问题，我谈几点看法……"

一般来讲，当自己充分阐述了己方的观点之后，粉丝就不便于马上打断你，从而使得谈话沿着自己的思路走下去。

2）在粉丝发言停顿、间歇时

如果粉丝发言时间过长，你可以利用粉丝阶段性的停顿或间歇时巧妙插话。值得注意的是，打断别人的发言是不礼貌的，所以一定要找准插话的时机。比如，粉丝的话不得要领或过于纠缠细节，或跑题太远，这时就可以借他停顿、间歇时提问。

这些问题就可以及时提醒粉丝，防止粉丝谈论与主题不相干的内容。

① "您的意思是………细节问题以后再谈。"

② "请谈谈您的主要观点好吗?……"

③ "第一个问题我们听懂了，那第二个呢?"

3）粉丝讲话完毕之后

粉丝发言时，要积极倾听，不要急于提问，否则容易引起别人的反感。即使发现了粉丝的问题，也不要急于提问，不要轻易打断粉丝，可以先把想到的问题记下来，等粉丝发言完毕再提问。这样不仅体现了自己的修养，而且能全面、完整地了解粉丝的观点和意图，避免操之过急，曲解或误解粉丝的意图。

（2）提出正面问题，引导粉丝做出肯定性答复

正面问题指的是所问的问题只允许对方做肯定性的答复，避免做否定性的答复。

只有提出正面问题，才能进一步促使粉丝下决心购买。试想，如果你每提一个问题，对方都是以否定来作答，接下来的提问如何进行下去？在与粉丝沟通的过程中，主播应该多提一些具有积极意义、能进行肯定答复的问题，以增强粉丝对商品的认可度和信心。

主播："考虑到您目前的需求，是想购买一款综合性能比较好的手机是吧？"

粉丝："当然是。"

主播："按照我的推荐，如果您非常满意，会购买吗？"

粉丝："会。"

主播："您看，这款就非常适合您，它的优势是……"

粉丝："可以。"

7.1.3 积极解决，根据粉丝反馈采取措施

主播在带货过程中可能会遇到很多问题，比如，刚刚费九牛二虎之力卖出一件东西，没过几分钟对方却吵着要求退货；客户故意刁难，说一些伤主播自尊的话，让主播无法忍受；因为一次小小的失误，客户非要投诉主播。

每位主播都可能遇到类似事情，对此，首先应该积极去解决，证明自己是一个敢于面对问题和承担责任的人。根据粉丝反馈的问题，全力去解决，是主播工作中的一个重点，这不但能让你找到问题的根源，也是能够继续下去的唯一办法。

在对待粉丝异议态度上，体现的是一种责任心。做带货主播就必须时刻对粉丝负责，只有对粉丝尽到了应尽的责任，才会受到粉丝的拥护。具体可采用如图7-3所示的方法。

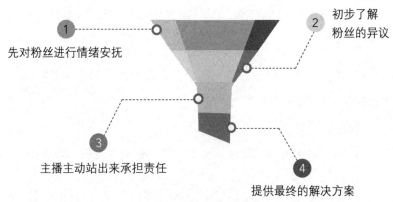

图7-3 缓解粉丝异议的方法

（1）先对粉丝进行情绪安抚

当粉丝有异议时，先对其进行情绪上的安抚，这是防止事态进一步扩大的重要步骤。

> 主播："先生，先别急，有什么问题慢慢说，我们的商品到底出什么问题了？"
>
> 主播："先生，您确定是××问题吗？我先给您反映一下，如果是商品问题，我负责调换；但如果不是，我们再从其他方面找原因。"

（2）初步了解粉丝的异议

对粉丝提出的异议进行初步的了解，尤其是对于他们不满意的地方，要重点做出解释。这样有利于打消对方心中的疑惑。例如，你可以这样问："您最不满意的地方在哪里？"提出能够激发其需求的问题，可以将粉丝的这些不满明确化，从而引起粉丝的高度重视，以提高粉丝对于解决这类问题的紧迫性。

这些问题包括：从这些回答中就可以了解到问题的症结在哪里，从而提高解决问题的满意度。比如，当你了解到粉丝对操作程序不太熟悉时，就可以通过介绍、示范、亲自操作等方式帮助粉丝尽快熟悉起来。

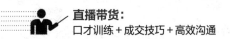

（3）主播主动站出来承担责任

当确定粉丝的投诉是正确的时候，一定不要怕承担责任而向粉丝隐瞒真相。如果这个时候你向粉丝撒谎，就属于一种欺骗行为，当粉丝弄清楚一切的时候，后悔就来不及了。记住，永远要把粉丝的利益放在第一位，商品出了问题不可怕，只要积极去解决，同样可以获得粉丝的认可。

> 主播："先生，实在对不起，的确是我们的商品配方上有一些出入，不过您不要担心，我马上给您解决。"

（4）提供最终的解决方案

发现了问题，就要积极地解决，粉丝最看重的就是这一点，"只要你能为我解决实际问题，我就认可你"。主播要清楚地认识到这一点，在发现商品出现问题的那一刻，必须想一种周全的解决办法，即使自己无法解决，也要尽力去帮助粉丝解决。

> 主播："先生，您的商品出现的问题在我们服务范围之内，可以调换，也可以维修，您看更换哪一种呢？"
>
> 主播："如果您坚持调换的话，可以为您推荐另一个型号的，可以接受吗？"

7.2 解决问题：直播带货中常见的商品异议

7.2.1 价格太高：避开价格谈价值

价格永远是买卖双方最有争议的地方，对于主播来讲，谁都想卖个好价钱，而对粉丝来讲，物美价廉永远是最高期望值。因此，主播与粉丝在沟通中势必会产生矛盾，如果不懂一些沟通技巧，就只能不欢而散了。

那么，如何来化解这一矛盾呢？最有效的方法就是避免单纯地讨价还价，要把商品的潜在价值透露给粉丝，削弱他们对高价的抵触心理。具体做法如图7-4所示。

分析商品
明确价值

对比强调
突出价值

将价格
化整为零

图7-4　削弱粉丝对高价抵触心理的方法

（1）分析商品，明确价值

价值决定价格，商品的价格与价值永远是成正比的，价值高的商品价格也一定会高。当粉丝对价值较高商品的价格紧紧不放时，主播就要分析商品，将价格转移到"价值"上来，并且进行细致的分析，提供更有力的证据，证明商品的价值所在，明明白白告知对方，让对方明确实际情况。

比如，粉丝问："这个木雕2万元，太贵了。"主播可以这样回答："您想想，这是一项回报率非常高的投资，现在投资2万元，将来可能会翻几倍不止。"

（2）对比强调，突出价值

对于那些有购买意向，但又对价格斤斤计较的人，最好是列举出同类商品的价格进行对比。如果自己的商品在这方面占据优势的话，主播一定要充分利用起来，因为这些很可能会直接使粉丝对你推销的商品产生兴趣。以同样的问题为例："这个木雕2万元，太贵了。""××先生，由于少了一部分运输费用，这个价格在同类商品之中绝对是最便宜的，如果你到其他地方购买，价格只会高不会低。"

（3）将价格化整为零

将价格化整为零是一种推销技巧，这也主要用于那些有购买意向，但又对价格斤斤计较的人。其实，这类粉丝之所以对价格看得非常重，就是一种心理上的误差，在推销的时候，只要你调整一下说话方式，让对方在心理上有个缓冲，这样就比较容易成交。

比如，在推销系列商品的时候，就可以采用这种方法。某粉丝在为孩子选购一套书，整个系列原价500元，这时就可以采用这种方法："您想想，这个系列的图书共4套，每套5本，共20册，合下来每本25元。现在同时购买只需400元，一下就可以节省100元，每本省5元。"

有些主播遇到粉丝对价格有异议，就迫不及待地展开讨价还价，这是非常不可取的。如果遇到非常讲究的粉丝，甚至会认为你有虚报价格的嫌疑，反而会给对方留下不良印象。正确的做法是坚守底线，用商品的价值来改变粉丝的看法。

7.2.2 质量不可靠：用事实说话

"质量怎么样啊""靠得住吗""能用多久啊""不会用几天就坏吧"，几乎每位粉丝在直播间消费都会发出这样的疑问。实体店中看得着、摸得着的商品都会遭受质量质疑，更何况是直播带货。

一种商品什么是最重要的——价格、时尚，还是功能……，从粉丝的角度看就是质量。质量是商品的核心，没有过硬的质量，不但经不起粉丝的考验，甚至还会被市场淘汰。

质量是个老生常谈的问题，无论商品大小、贵重与否，保证质量应该始终是第一位的。要不为什么很多企业都要设立质检部门呢？为的就是对生产的商品能严格把关，经得起粉丝的检验。

优质商品首先要保证质量至上。但是，质量过硬的这种优势还需要通过主播口述体现出来，否则，粉丝一样不买账。那么，主播应如何最大限度地突出商品的质量优势呢？可以从图7-5所示的3个方面去做。

出示证据　　重视外包装　　用服务保证质量

图7-5　突出商品质量优势的方法

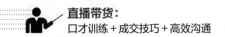

（1）出示证据

为了更好地展示商品在质量方面的优势，往往需要形象地描述，而数据就是最直观的方式。因此，每个主播都要养成"以数据说话"的习惯，遇到粉丝的质疑，拿出数据、资料来说明问题，重视数据的收集、整理、分析工作。

（2）重视外包装

凭商品的外包装就可以鉴别真伪，这一点不可忽视，有一个成语叫作"秀外慧中"，也就是说，一个物件只有内外都好、表里如一，才是好东西。商品的质量也应注重"外"，比如，外观、数量以及包装上的印字等，这都是商品质量的组成部分，否则同样会造成严重的后果。

（3）用服务保证质量

为了解决商品在使用过程中可能出现的问题，绝大部分企业都会制订一套与之相配套的服务措施。这些服务是为保障粉丝利益专门制订的一些措施，很多粉丝对有完善售后保障体系的商品还是有很大信心的，在很大程度上坚定了他们购买的信心。所以，主播在推销时就要善于充分利用这一点，在介绍完商品的同时，要详细地介绍售后服务、维修条款。

7.2.3 对商品了解较少：结合需求进行讲解

当粉丝对商品不满时，还有一种非常常见的托词："我对商品不了解。"让一个人接受他不熟悉的事物，的确比较困难，拒绝也似乎合理。但很多时候，说实话，毕竟并不是每个人都了解商品。所以，无论什么情况下，只要对方提出对商品缺乏了解，主播唯一可做的就是对商品进行介绍。

然而，这一阶段的商品介绍有些特殊，即要有选择性、针对性，先对粉丝的需求进行一番了解，然后再围绕这些需求展开，千万不可盲目进行，顾此失彼。

（1）对粉丝群需求进行摸底

商品的优势是固定的，粉丝需求是不断变化的，在开始直播之前，主播要根据需求调整讲解重点。这就要求主播收集粉丝数据，然后根据掌握到的数据确定需求。那么，主播需要了解粉丝的哪些方面呢？如图7-6所示。

图7-6　了解粉丝需求需要掌握的6个方面

这些信息的获得也非常简单，可以通过平台数据获得。以抖音为例，如图7-7所示。数据中心包括作品数据和粉丝数据，其中粉丝数据有极大的参考价值。

图7-7　抖音数据中心的数据类型

一般来讲，一个账号的粉丝群体是相对固定的，较短时期内不会发生太大的变化。这就为主播收集粉丝数据提供了很大的便利，只要把握住了大趋势、大方向，就可以抓住主流需求。也就是说，在正式直播之前，有必要认真分析一下平台的粉丝数据，并根据群体特征进行需求分析。

（2）定位商品特性

获悉粉丝的需求之后，主播就要有选择地进行推介。比如，某粉丝注重实用性，在介绍时就可以重点突出商品的实用性特点；某粉丝注重商品款式，在介绍时就要突出商品隐含的时尚元素。商品的特性通常包括如表7-1所列的5个方面。

表7-1　商品的特性

特性	内容
实用性	指的是商品的使用价值，也是粉丝遵循的最普遍的购买原则，对方能否认可该商品，最主要的决定因素无疑是使用价值的大小
经济性	指的是商品的价格，大多数粉丝在购买商品时，价格成了一个重要的参考因素。相比之下，价格越合理，越容易获得粉丝认可
安全性	是衡量一种商品好坏的重要标准，如今越来越多的人更重视商品的安全性，尤其是电器、易燃易爆商品，这方面更被注重
健康性	随着消费观念的改变，消费者更关心商品的健康性，即是否会对人身安全造成危害。尤其是药品、食品、滋补剂等，健康性是被关注的重点
美观性	"爱美之心，人皆有之"，在很多情况下，商品的包装、外观、样式对粉丝的购买意愿的影响很大

商品的特性与粉丝的需求基本上是一一对应的，主播要学会根据粉丝的需求变化进行有针对性的介绍。粉丝重点关注什么，就说什么，不需要的可以一句话带过，甚至完全可以暂时放置一边。

以上这两点工作做到位，完全可以应对"对商品缺乏了解"的粉丝。要知道，很多粉丝既然能说出这样的话，说明对商品有基本的认识，只是出于谨慎心态，不敢放心、大胆购买。他们通常要求找一些专业人士、权威人士来做推荐，主播若能做好上述工作，无疑就充当了这个角色，促使对方购买也就顺理成章了。

当粉丝提出对商品缺乏了解时，暂且不要争论此话是不是推脱的借口，最重要的是抓住这个契机进行推销。索性相信对方的话，不妨认认真真对商品做一番介绍，即使最终证明真的是借口，也争取到了再次推销的机会。

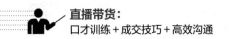
7.2.4 比同类商品差：比较分析，突出优势

"不怕不识货，就怕货比货""货比三家"，有比较才会有鉴别，有鉴别才容易买到更好的商品，每个粉丝都懂得这个道理。因此，绝大部分人在决定购买某一商品前，都会与同类商品做一番比较，比价格，比质量，比款式……，比来比去，问题就出现了，如张家的比李家的价格便宜，王家的比刘家的质量好等。

遇到这种情况，主播与其试图阻止对方，还不如去帮助对方比较分析，这样做一方面可以使粉丝对你进一步产生信赖，另一方面可以在接下来的谈话中占据主动。

在实际中，爱比来比去的粉丝非常多，这时作为主播要帮助对方去分析，而不是盲目地回敬对方。毕竟，大部分粉丝对商品还是缺乏深入了解的，只根据看到表面的东西做判断是片面的，因此这就需要主播主动帮粉丝去分析，将粉丝看到的劣势转化为优势，从而达到化解粉丝异议的目的。

主播可以将自己推销的商品与同类商品做比较，通过对比更能突出商品在某些方面的优势。这无疑就向粉丝传递了"物有所值"的信息——"我们的商品是优质的"，这样更有利于粉丝自己做出选择。那么，在具体阐述过程中，如何去对比呢？这是有技巧的，具体如图7-8所示。

确定比较重点

选择固定的参照物

确定对比方式

图7-8　商品对比的技巧

（1）选择固定的参照物

对比必须有一定的参照物，否则就失去了对比的意义，而参照物并不是靠想象去臆想，而是实实在在存在的。这样理解起来更具体、更形象，更有说服力。比如，主播在向粉丝对比的时候，就要明确强调与哪个商品做对比，包括该商品的品牌、生产厂家、生产日期等，这些明确的字眼都会让粉丝折服。

（2）确定比较重点

在进行对比的时候，主播一定要清楚商品的对比重点，不可盲目进行。对比不到点上，就很难提出自身优势，甚至会适得其反，搬起石头砸自己的脚。以下是常见的几种对比重点，如图7-9所示。

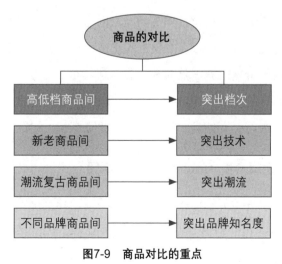

图7-9　商品对比的重点

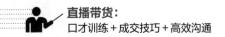
（3）确定对比方式

1）横向比较

横向比较用于同类商品之间，由于同类商品间有很多相似性，因此在比较上只能往纵深方向进行。比如，甲商品比乙商品在设计上更人性化、性能更齐全等，通过这样的比较突出甲商品在设计或性能上的优势。

2）纵向比较

纵向比较用于不同商品之间，指的是在某一标准的基础上，不同商品之间进行比较。比如，粉丝比较看重商品价格，对甲、乙两个品牌针对价格进行比较；粉丝看中品牌效应，对普通品牌与名牌商品进行比较。这种比较法必须有某一具体的比较标准，比如，比较性能就不能按照规格、制作材料等标准来衡量。

值得一提的是，尽量在同类商品之间进行对比，避免对不同类的商品进行比较，因为很多时候不同类商品缺乏明确的衡量标准。

在做对比分析时有一点非常重要，那就是对参照物（对方的商品）要有深入的了解、客观的评价。倘若你对粉丝的商品一无所知，对比起来就会有偏颇，从而也就失去了客观公正性。

7.2.5 粉丝反悔购买：耐心沟通，问明原因

直播间经常会遇到这样的事情，原本已经谈妥的单子，粉丝却以各种理由反悔，要求退货。在这种情况下，主播一般有两种反应，一种是有点不知所措，开始抱怨对方不讲诚信；另一种是把它

视为一种正常现象，果断丢之弃之，开始寻找新的目标。其实，这两种态度都是不可取的，出现了问题，就要找原因。比如，考虑一下，是否之前遗留的一些问题没有解决好，或者哪个环节让对方产生了质疑等。

据了解，客户在关键时候爱反悔，一般有两种心理：一种是观望心理；另一种是拒绝心理。观望是目前拿不定主意，视情况而定，拒绝是直接反悔，取消合作。这两种心理都是源于冲动消费，直播中，一部分粉丝受现场因素的影响，会盲目下单，而后又开始反悔。

这很大一部分原因是心理因素，因此，遇到这种粉丝，建议主播从疏通情绪入手，耐心沟通，努力减少粉丝由付出金钱而带来的痛苦，然后不遗余力地促使其重新进行购买。

那么，具体应该如何做呢？需要做好以下两点。

（1）让粉丝明白早买比晚买好

粉丝的观望心态只是为了回避花钱带来的痛苦，并非不认可商品，既然粉丝认可了商品，主播就可以利用商品的利益点反复刺激他，两害取其轻，用反悔购买所带来的痛苦来说服对方，他自然会做出购买决定。

> 比如："您很幸运，现在正值我们618优惠期间，马上签合同还能以优惠价成交，过几天价格恢复正常，您就必须以原价成交，您自己权衡一下，哪个合适？"
>
> 比如："穿衣图个鲜，这批衣服时尚新颖，穿出去保您拉风，目前只有我们专卖店销售，我不否认以后其他店也会卖，价格也可能会有所便宜，但到时候满大街的人都在穿，一点新鲜感也没有了。"

（2）让粉丝明白买比不买好

粉丝的拒绝心态只是企图用不购买来取代花钱的痛苦，作为主播，千万不要泄气，要以子之矛攻子之盾，他觉得花钱是一种痛苦，就让他觉得不花钱更痛苦，这才是优秀主播所用的话术。因此，有一点点希望就要争取对方购买的机会。

> 比如："这个皮货物几乎已经被订购一空，剩下的几套最多撑两天的时间，再晚恐怕就买不到了。"
>
> 比如："这套书非常适合开发宝宝的智力，非常适合您现在的孩子，现在不买等孩子再大点就晚了。"

经常反悔的粉丝有观望、拒绝的心理，同时还有矛盾的一面，即往往会为错过购买时机而后悔，因此，对于主播来讲，有一点点希望就不要放弃，这类粉丝回头的概率也最大。

第8章

直播收尾话术：
收尾有技巧，千万不可草率

一场直播开头重要，中间互动更重要，收尾也不容忽视。收尾工作做得好，不但能为整场直播画上圆满的句号，还能为下场直播做预热。直播收尾的话术需要围绕两个方面进行：第一个是对粉丝表示感谢；第二个是对商品种草。

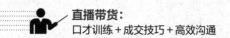

8.1 向粉丝表达感谢之意

作为主播每次在下麦前，都需要对直播间所有粉丝表示感谢，尤其是那些购买商品、刷礼物的粉丝，不管他们在线与否，都要一一表示感谢，做一个懂得感恩的主播。

下面是直播间常常听到的感谢语：

> ✓ 感谢有你们，让我在失败中寻找原因，让我在泪水中看见彩虹，让我在争吵后反省自身，让我在成功时了解不足。
>
> ✓ 因为喜欢，所以选择。谢谢你们，三年来一直陪伴我，我能进步是因为有你们！以后也要一直陪伴，感谢有你们。
>
> ✓ 谢谢你们，总是在我最失落的时候出现，有你们这样的粉丝在我身边，我真的感到很幸福。

感谢语是直播中非常重要的一种礼貌语，代表着一个人的文化修养和思想道德。多说"谢谢"，会因为有礼貌而收获更多粉丝。感谢语的述说相对简单，一般来说不需要大篇幅地渲染，只需寥寥数语即可，但很多主播却无法做到。原因何在？关键在于忽略了细节，没有掌握表达技巧。

那么，在说感谢语时需要注意哪些细节呢？主要有4个，如图8-1所示。

图8-1　表达感谢时需要注意的细节

（1）倾注真情实感

在对粉丝表达谢意时，要发自内心地去表达，让自己的真情实感流露出来。有些主播尽管每次下麦之前也对粉丝说一些感谢的话，但脸部表情、肢体动作就出卖了他——是在走过场，搞形式主义。当粉丝丝毫看不出主播有一点诚意时，即使说再多感谢的话也没用。

（2）努力记住粉丝的名字

很多主播觉得记住粉丝的名字很难，那么多粉丝，怎么记得住呢？其实不是记不住，而是觉得这件事没那么重要。如果你真的意识到它足够重要，一定能记住的。

无论你是大主播还是小主播，在表达谢意的时候，如果能叫出粉丝的名字，特别是当你的粉丝越来越多的时候，仍然能叫出捧过场的粉丝的名字，给其他粉丝的心灵震撼是很大的。这不仅会让粉丝感觉到了被尊重，还会让他们觉得你是一个懂得感恩的人，对你的认识立马会更上一层楼。

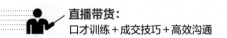

（3）在粉丝名字上加称呼

在对粉丝表达感谢时，请说"谢谢你"或者"谢谢×××（粉丝名字）"，千万不可说"谢谢"。两者的区别在于，"谢谢"是泛指，而"谢谢你""谢谢×××"是特指，更走心。

对于陌生的粉丝可以说"谢谢你"，对于熟悉的粉丝或老粉丝，则要加上对方名字，这样会显得很友善，让他们感觉到自己的存在感，尤其是对于下单或刷礼物的粉丝，当看到自己被点名了，心中会有一种愉悦感，说不定下一次下的单更多。

（4）直播结束后再次感谢

做直播千万不要吝惜对粉丝的感谢，如果有专门与粉丝互动的群，如微信群、微博群或QQ群等，可以把粉丝下单的截图晒出来，让其他粉丝觉得他们支持的主播值得他们所爱，总是把他们放在心上，是一个贴心的暖宝宝。"感谢""爱"要大声表达出来，不表达粉丝怎么会知道你在默默关注他？

8.2 给粉丝一定的感恩回馈

粉丝回馈活动是直播中最常见的形式，纵观大大小小的主播，都会定期或不定期地举办一些回馈活动，表达对粉丝的感恩感谢。回馈是多个层面的，既有物质层面的，也有精神层面的。

（1）物质回馈

物质回馈多是赠送一些礼品、福利或进行抽奖，或低价售卖商品等，如图8-2所示。这种回馈方式是回馈活动中必不可少的，也是效果最好的。

（2）精神回馈

除了物质回馈外，还有精神层面的回馈，精神回馈又包括以下两种。

1）心理回馈

粉丝的感性体验并不是绝对的，而是来自群体比较，既包括对外群体的优越感，也包括群体内部的优越感。要想体现出这种优越感，就必须

图8-2　直播中的粉丝回馈活动

具备一种可供比较的公开机制。炫耀就是要让人看到，这是对粉丝最基本的驱动力。

所以，主播必须在积分、等级、排行榜、奖品等激励机制上想方设法满足粉丝的炫耀欲，随之而来也会有竞争欲，有一个追逐期。

2）情感回馈

真诚相待，即把粉丝当成家人、朋友。直播间更多是给你展示的机会，让别人了解你，那么线下就要多花点工夫去了解他们，想

想你可以给自己的粉丝带来什么，他们有没有烦心事，你能提供什么参考建议而不是总想着能从他们那里获取什么。

准确记住那些对于粉丝特别重要的日子，如生日、周年纪念日。逢到这些节日的时候，要发个信息给粉丝，或者亲自打个电话，让他感到被重视、被记得，这些小细节都是维系和巩固关系的黏合剂。

8.3 "种草"：为下次带货埋伏笔

直播之所以这么火，也是因为它能够更好地凸显商品价值，通过主播的讲解来提高转化率。其中，在直播即将结束时，种草就是一个非常好的机会。

直播即将结束时，利用粉丝对本场商品的认可、对主播的信任，对另外一种商品种草。直播种草的好处有：直观地展示商品的卖点，立竿见影地展现商品的使用效果，真切地传递人对商品的使用感受。

所谓"种草"，就是分享并介绍某一商品的优良品质以刺激他人购买欲望的行为，或根据外部信息自行体验拥有某物的过程。那么，在直播结束时，如何高效地种草呢？这就需要掌握一定的语言技巧。

（1）为商品起个昵称

许多深入人心的大牌商品都有昵称，比如，神仙水、大红瓶、小棕瓶、前男友面膜等。有昵称最大的好处是有记忆点，如果同时能包含商品卖点等含义就再好不过了。

（2）以KOL的话术说清种草商品优势

以KOL的话术说清种草商品优势，将商品抽象的功能利益变成KOL值得一说的谈资。简单地说，就是以KOL的话术说清商品优势。KOL是key opinion leader的简称，意思是关键意见领袖，这样会让说辞更令人信服。比如，许多品牌会强调稀有珍贵的化学成分、权威科学研究机构的认证，而在KOL口中会转化成贵妇化妆品里都有的抗老成分、实验室品牌等。

KOL话术比品牌话术更适合直播间种草，而且每个KOL都有自己的语言习惯和语言风格，让粉丝听起来比较接地气。我们来看一个案例，区分一下KOL话术与品牌话术的不同，如图8-3所示。

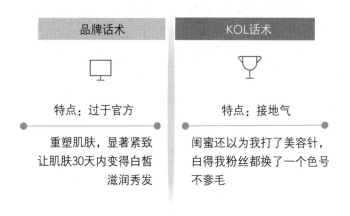

图8-3　KOL话术与品牌话术的特点

可见，KOL话术更适合直播间，而大多数商品都是以品牌话术存在的，这就需要进行话术转换。KOL体验商品，写出真实的使用感受，会打动受众。

话术转换有个小技巧，即场景化＋围绕个人体验，对这种技巧的详细讲解，在前文都不同程度地出现过，这里不再赘述。

直播结束阶段的种草，是一种非常有效的带货技巧，是粉丝形成商品认知的关键一环，能够有效激发用户需求和提高转化效率。

最后需要注意的是，这个阶段的种草，卖货不是目的，只是对品牌的宣传和普及，让更多的人了解；当一部分粉丝认识到该商品的好处之后，可以通过其他渠道进行购买。

第9章

话术实操：
常见话术要点和说话误区

9.1 直播间热销品话术要点

9.1.1 服装直播间话术要点

《2020淘宝直播新经济报告》显示，在淘宝直播用户观看的商品品类中，女装排名第一，而在其他品类中，诸如男/女鞋、内衣、男装，以及母婴类目下的童装，均可从属于服饰类目。服装的范畴非常广，因此也成为直播间带货较多的品类之一。

同时，收看服饰直播的人也非常多。据统计，在直播电商的看播人群里，服饰类（含男装、女装、童装和鞋靴）直播间占据了绝大比例流量。一半以上的主播都正在或曾做过服装带货。

从这个角度看，做服装带货的主播绝对是一个庞大的群体，而关于服装带货的话术也自成体系。那么，主播应该如何说呢？可以通过以下方面进行，如图9-1所示。

1.备课
2.试穿展示
3.全面讲解
4.报价和库存

图9-1　直播间服装带货推介话术要点

（1）备课

在开始直播前，主播需要先做一些备课工作，比如用哪几款衣服作为直播的开始，在衣服搭配上需要一些什么样的小建议与技巧等。

（2）试穿展示

可以找身材较好的助手先穿在身上，然后通过款式与体形、面料与肤感、设计与做工等方面来进行展示，并且还会以购买者的角色自己提问，自己来回答消费者最想了解的问题，等等。

需要注意的是，在试穿演示时要注意走位，远镜看整体搭配效果，近镜看衣服的设计亮点。上身后，前后左右的效果都要让粉丝看得清楚。

（3）全面讲解

对于一件衣服，需要讲解的内容有很多，具体包括风格、版型、颜色、面料、搭配等，如图9-2所示。

图9-2　服装推介的内容

1）风格

风格是一件衣服给人的整体感觉，而且一个人偏爱的穿衣风格通常都是固定的，是韩风、日系风、欧美风还是小香风、名媛风、学院风？这些都要清楚地告知粉丝。

2）版型

身材越是不标准的人群对版型的要求越高，宝妈群体普遍对身材管理没有白领女性那么重视，所以能帮她们扬长避短的版型很受青睐。例如，宽松版型——包容性强，显瘦；长版型——遮臀部，遮大腿；修身版型——显得人比较精神，凸显出小伙伴们前凸后翘的身材。

另外，也可以讲讲衣服图案的流行元素，突出衣服的时尚感；衣服的工艺精致度、稀缺、成本；展示衣服的小细节，如领口、袖口、下摆等位置通常会有一些小设计。

3）颜色

首先，讲解衣服的整体颜色给人什么样的感觉，如白色典雅，黑色酷感十足，紫色高贵，粉色可爱等。其次，讲解颜色能给人带来什么好处，如正红色显肤白，黑色显瘦等。

4）面料

主播需要准确说出衣服的面料优质性和该面料的好处。例如，纯棉吸湿透气，聚酯纤维造型挺括、不易变形，针织细密保暖，皮衣防风且高档。同时，要近镜演示面料的细节纹理、柔软度、舒适程度。

5）搭配

演示搭配非常重要。一衣可以多穿也是衣服性价比的一个绝佳体现点。讲解搭配时，不能空讲，不要单纯说这件衣服可以搭什么，而是尽量要把整套搭配展现在镜头前面，可以把搭配款拿在手上讲，还可以上身试穿。

如果条件允许的话，对于一件主推款或爆款，要尽量做到两套风格不同的衣服进行搭配，迎合粉丝不同的场景需求，例如，约会、休闲、上班等生活。

（4）报价和库存

① 一定要先报原价，对比强烈才能激发粉丝捡好货的欲望。

② 强调性价比，可以用对比法、稀缺法、参照法。

③ 报秒杀价、库存和码数，引导粉丝下单。

简言之，卖服装的说话技巧在于：让粉丝明白自己需要什么，并帮助粉丝满足需要，仅此而已。此外，要注意说话的语气、态度等，过于强硬会让人感觉不舒服，过于低声下气也会让粉丝变得挑剔刻薄。至于对这个度的具体把握，需要实际经验才能获得。

9.1.2 美妆商品直播间话术要点

在直播领域，美妆商品实际上具有天然优势。围绕商品在直播间可以说明的内容有很多，这里总结了6个在直播间围绕商品可以说明的方向，如图9-3所示。

图9-3 美妆品直播间带货技巧

（1）商品成分

近年来，人们对化妆品成分的关注度越来越高，很多人开始关心商品的有效成分是什么，他们总是想买含有某种有效成分的商品。建议主播可以事先在商品成分方面做好工作，以便在直播期间进行详细介绍。

（2）商品效果

这部分是需要详细讲解的重点，很多主播都将大部分时间放在介绍商品的效果上，这些通常也是粉丝对商品关注的一个方面。

需要注意的是，介绍时不要夸大虚假宣传效果，建议客观公正说明。

（3）商品展示

商品展示有很多可以讲解的地方，包括但不限于商品外观设计、商品质量、使用方法、使用效果、使用技巧等，如表9-1所示。

表9-1　商品展示可讲解的内容

讲解项目	内容
使用方法	可以说明使用后脸部效果、外观特色
外观设计	商品的颜值和这样的设计是否好看和使用方便
商品质量	可以展示商品润泽度、延展性等
使用效果	例如，粉底、眼影等，向粉丝展示上妆效果，适用于效果明显的化妆、洁面、卸妆等
使用技巧	分享使用技巧，一边化妆一边展示说明商品，一边展示化妆步骤一边带入商品，粉丝可以直观地看到使用效果

（4）使用感受

日常生活中，我们都喜欢把自己使用/体验过、感觉好的商品分享给身边的亲朋好友，这一做法同样也适用于网络直播。商品的自用分享，从"线下"延续到"线上"，同样能帮助直播打造人设、快速涨粉。

直播前，主播可以设定一些能够较好结合商品，又能引发粉丝好奇的话题，例如，"显白口红""补水小仙雾""养一肚子好菌"等。结合当下大家关注的社会时事话题，推荐相应的商品，分享热度也会高很多。

美妆护肤主播对于某商品对应的肤质、效果等，可以亲自对比。例如，对于口红色号、粉底液遮瑕力度等，都可以做相关展示并分享自己的真实体验，让观众"感同身受"。主播可以分别从使用前的皮肤是什么样的状态，使用后的皮肤是什么样的状态，向直播间的粉丝反馈。

（5）同类比较

选择市场上其他同类型的商品，分析和对比其不同，强调自己直播间商品的优势。

（6）强调说明

这里强调的内容是商品的核心优势。例如，某商品的直播间活动价格、安全有效成分、使用效果等都是其商品的核心优势。直播间粉丝流动性大，可以多次说明这些商品的核心优势，照顾新到直播间的粉丝。

9.1.3 小型家电直播间话术要点

小家电入局直播带货较晚，但一跃成为顶流，无论从品牌知名度还是商品种类都达到了一个高度。

就品牌而言，格力、美的、海尔、海信、TCL、创维、老板电器、九阳等众多家电企业在疫情期间纷纷开启直播带货，而且战绩颇丰。例如，格力电器董事长董明珠在2020年4月24日到6月18日共做过5场直播，带货销售额就高达178亿元，是名副其实的"带货女王"。

与此同时，阿里巴巴、京东、苏宁、国美等电商平台也纷纷进军直播领域。总之，家电品牌主动出击，实现了订单收割、品牌宣传双赢，直播带货俨然已经成为家电新的销售风口。

就商品而言，类型也十分齐全，空气净化器、洗碗机、消毒柜、除螨仪等以健康除菌为主的商品销售额增长明显。受"宅经济"的带动，理发器、电动牙刷、颈椎按摩仪、洗地机等清洁类小家电商品的销量也大幅上涨。

在知名带货达人的直播间中，空气炸锅、豆浆机、三明治机、儿童智能牙刷等小家电商品纷纷出现，成为疫情期间必备的家用电器。

在这种格局下，一大批普通带货主播也做起了家电带货，尤其是小型家电，十分适合在直播间销售。那么，具体应该怎么做呢？可以从图9-4所示的角度进行分析。

1 调动购买氛围
2 让观众对号入座
3 秒杀促销活动
4 承诺安全的售后
5 商品信任背书

图9-4　家电带货直播话术要点

（1）调动购买氛围

主播可以利用消费者常见的购买心理，把控他们的消费规律，刺激购买欲望，调动购买氛围。话术技巧一般会强调某位名人也在用，或者已经卖出多少份等。总之，要围绕共鸣感、放大痛点、解决痛点去说。

（2）让观众对号入座

第一，将粉丝的"小需求"放大成需要马上下单解决的"大需求"。第二，将不那么重要的"非必需品"演绎成不可或缺的"必需品"。第三，将未来产生的"延时消费"渲染成必须立即下单的"即时消费"。

（3）秒杀促销活动

秒杀促销活动是一种短期的激励活动，目的是鼓励对某一产品或服务的购买或销售。做这项活动时，其中有几个关键词需要特别注意，即短期、激励活动、刺激购买、促进销售。

因此，主播在组织活动时，要注意以下事项，如表9-2所示。

表9-2 　组织秒杀活动时的注意事项

注意事项	内容
秒杀时机	粉丝疲劳期，有利于调动粉丝的积极性与参与感
秒杀商品	对粉丝而言为必需品或者是有吸引力、性价比高的商品
秒杀价格	以低价或者高性价比吸引粉丝参与秒杀

具体有两种玩法。

玩法一：口播传递，公告板或者小黑板传递，提前预告秒杀商品的时间，催促粉丝参与，店小二直接推出秒杀链接。

玩法二：截屏参与秒杀，公屏刷屏人数进行截屏秒杀，中标的人群联系客服获取秒杀链接。

（4）承诺安全的售后

主播在向粉丝介绍商品的同时，应该交代完善的售后保证。高质量的商品必须有与之配套的售后服务，这样才能解除粉丝的后顾之忧。有的粉丝在购买商品时把售后服务看得非常重，所以主播要将售后服务或维修条款介绍清楚，让粉丝清清楚楚地知道与商品有关的一切服务。

（5）商品信任背书

当今社会，信任是很珍贵的。一个真正的信任背书，对一个商品来说是非常关键的，某种程度上就是个人推荐。因此，在直播时要善于找一些行业大咖、业内有影响力的人为商品背书，提升商品的品牌知名度和美誉度。

9.1.4 轻奢品直播间话术要点

当前网络上一些年轻人着迷于小资情调，对奢侈品的消费需求大。但由于奢侈品具有贵重、价格高、易被损等特点，一般来讲粉丝不会在直播过程中买。因此，直播带货很少有奢侈品的身影，取而代之的是轻奢品。

轻奢品是指一线时尚品牌开设的副线，具有高性价比，可以让更广泛的群体消费得起的非凡时尚品。轻奢是一个相对的概念，并不局限于具体的品牌。

（1）进行观念上的传递

其实，轻奢消费还是一个相对新的概念，不是传统意义上的奢侈，更不是盲目挥霍，而是一种更为理性、成熟的消费理念，一种有品质、无负担的消费方式，可以用短期的投资获取高性价比的体验和服务，同时得到隐性的自我提升机会。

然而，这种理念的接受度并不是很高，这严重制约了人们对轻奢品的消费。因此，主播需要给粉丝传递轻奢消费的理念，让他们先从观念上有所转变。例如，可以这样说："轻奢消费，不会造成过多的生活压力，却是巨大的成长动力。A小姐买了一支Tom Ford口红，于是决定开始认真学习护肤和化妆；B先生报名了昂贵的健身课程，于是逼自己戒掉了高糖高脂的饮食方式。后来，A小姐越来越明艳动人，在各个重要场合都能以惊艳的姿态出现；B先生爱上了健身时的酣畅淋漓，身体机能也提升了一个档次。这样的故事，也许每天都在发生。"

（2）充分展示权威机构的认证

轻奢品必须经专业机构的认证才可以面向市场，其实这也是一种非常好的权威推荐。对于较贵重的商品，必须配以专业机构的证书，消费者在购买时往往也是最看重这些的。

因为权威机构的认证也成为一种销售道具，想要快速地取得粉丝的认可，主播就要充分展示权威机构的推荐或认证资料，让粉丝看到、听到，并充分意识到其重要性，这对粉丝购买心理的暗示作用非常大，有了它就相当于为其吃了一颗"定心丸"。

9.2 告别说话误区

9.2.1 刻意使用专业语言

我们知道，好的主播做的绝对都是自己最擅长的领域，所谓术业有专攻，于是，很多主播为了体现自己的职业性，在与粉丝交流时爱使用专业性较强的语言。

有些主播认为，直播的时候一定要全面展现自己的专业性。其实这里只说对了一半，人可以专业，但语言一定要通俗易懂。

因为那些专业术语对于主播来讲也许很容易理解，但是对于外行的粉丝来说，如果平时很少接触，理解起来就会困难重重，而有些主播在直播时往往会将这些话直接转述给粉丝，这也是业绩不佳的主要原因之一。我们来看一个案例。

◀)) 案例 1

某健身器材销售店内，一位推销员正在向粉丝直播推销按摩器："这款型号为KSR945-蒙娜丽莎的按摩器，由美国凯仕乐生产，上面有液晶背光大显示屏，操作方便，后面座位、脚架都安装了全自动振动器，利用了世界上先进的自动调节技术。其能最大限度地对背部、腿部进行刺激，大大缓解疲劳，加快全身血液的流动。先生，您认为怎么样呢？"

……

粉丝："我对这方面一无所知，这套设备功能虽然齐全，但看起来操作起来难度较大，我还是再考虑考虑吧！"

店内的另一位（主播）也正在向粉丝介绍商品：

主播："先生，您对我们的商品了解多少呢？"

粉丝："我在这方面一无所知，看起来操作起来难度较大啊。"

"其实并没有您想象得那么难，您看，这套设备所有的功能全是自动化，只要您按照说明书上的步骤操作一遍就能学会，我们来试一试吧！"

说着，主播拿出说明书，与粉丝一起操作起来，粉丝很快进入了状态。

　　显然，上述两位主播的推销效果大不一样，为什么会出现如此大的差距呢？问题并不在于谁比谁掌握的专业知识多，而完全在于两人呈现给粉丝的东西不一样。第一位主播照本宣科，相当于直接把说明书"背诵"一遍，尽管传递的信息很详细，但粉丝接受的并不多；而第二位主播则巧妙地将说明书上生涩的专业术语转换成通俗易懂的语言传递给粉丝，并运用亲自示范法让粉丝亲身感受，瞬间就给粉丝留下了深刻的印象。

　　对比分析可以得出，在面对粉丝时，主播不可以过多地使用专业性语言，而是要尽量避免使用生僻词句，将其转换成通俗易懂、直白的语言。那么，对于主播来说，如何最大限度地规避专业术语呢？具体如图9-5所示。

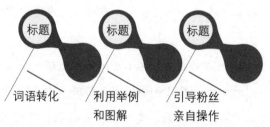

图9-5　主播规避专业术语的方法

（1）词语转化

　　大部分粉丝没有主播那么专业，对商品的了解甚少，在遇到些专业性较强的词句时理解起来比较困难，因此主播需要把这些令人费解的、生涩的词语转换成通俗易懂的口语。只有这样，才能让粉丝准确理解其中的含义，并及时地做出反应。比如，外贸术语中的逆差、顺差，可以直接转化为出口额大于进口额、出口额小于进口额；会计术语中的新交易转化为新账、未决账转化为老账；等等。

（2）利用举例和图解

对于一些不容易描述的词语，最有效的办法就是找好替代物来代替，比如，利用举例子、数字、图标的形式来表示，要远比枯燥无味的讲解有效得多。比如，介绍一款结构复杂的机器设备，你可以这样说："先生，关于设备的配件问题，我可以向您提供一份图纸，资料明确地画出了设备构造……"这要比直接说"先生，关于设备的配件问题您不用担心，我们这款机器运用了iU22/iE33的原理……"的效果好得多。相比较而言，第一种介绍方法更容易令人理解。

（3）引导粉丝亲自操作

对于操作性比较强的商品，主播要积极引导粉丝亲自操作、亲自提样，只有感同身受才能更容易接受，让粉丝更真实、近距离地去感受商品的好处。否则，有时候只凭你的解说，对方很难弄明白。

9.2.2 总是爱逞口舌之强

日常生活中，争强好胜也许是一件好事，不会吃亏，但在网络上面对粉丝就不一样了。对于主播来讲，一切争辩都是无益的，因为这些对于推销都毫无意义，无论输赢都不划算。如果输了，你就会彻底失去这笔生意；如果赢了，对方被驳斥得千疮百孔，也会觉得很没面子，同样不愿意与你做生意，所以，无论输赢都没有必要进行这场"口舌之争"。

在推销过程中，最大的忌讳就是主播言辞激烈，与粉丝发生争论。主播与粉丝的相处全靠言真意切，稍有不慎就会毁掉辛辛苦苦建立起来的关系。

下面是在直播过程中永远不要对粉丝说的5句话，如图9-6所示。

图9-6　永远不要对粉丝说的5句话

（1）你确定吗？

这句话带有强烈的质疑之意，很多时候粉丝的想法、说法、做法是错误的，但不要直接质问他们，这样做会使本来已经糟糕的情况变得更糟糕。相反，主播可以用问题去引导，或说一些诸如"你能清楚地再跟我说一次吗，以便我可以确认是怎么回事"来核对粉丝的情况，这样既表示了自己的关心，又能保证对话的针对性，以为其提供更多的解决方案。

（2）这违背了我们的原则

有些事或许确实违背了主播的原则，但是如果粉丝没有事先了解政策，谁又会在乎呢？任何事先没有讲清楚的条款或条件都与粉丝无关。想象一下，你是一个发现特殊商品不能退货的粉丝，你会有什么样的感觉？在粉丝完全了解并同意这些条款或政策的时候再提及这些，否则无法找到一种解决问题的方法。没有阐述政策是主播的问题，而不是粉丝的问题。

（3）让我尝试一下

粉丝关心的是结果，而不是你努力与否。所以，当粉丝提出问题时，要积极去解决，给出解决办法，而不是告诉粉丝我正在努力，至于结果怎么样并不确定。

比如，一个粉丝要求你加快发货速度，你可以说："我马上给我们经销商打电话，让他们尽快安排。"而不是说："我与我们经销商说一下，尽量让其早点发货。""尽量"一词就不是结果，只能表明你"尝试"做了，而对结果一点也不关心。

（4）让我知道你是否还有其他问题

这句话经常出现在为粉丝解决了某个问题后，但这样说是非常不恰当的，言外之意是"以后出现问题不要再来找我"。粉丝带着某个问题来找你，你不但要解决好这个问题，还要跟进，以确保后续不会再出现类似的问题。

解决粉丝的问题要符合他们的长期预期，后续跟进，目的是看他们是否需要进一步的帮助，以显示出你一直在关心他们。

（5）我会尽快给你回复

也许你会尽快给出回复，但同时粉丝还在那里想"尽快"的意思，一定要指定一个时间。如果时间到了，你还没有获得你需要的所有信息，联系粉丝告诉他实事，并说出你什么时候会再次跟进。粉丝关系是建立在管理预期的基础上的，"尽可能快"听起来很好，但是没有给粉丝设定一个预期。

在直播中可以据理力争，但要避免发生无谓的争辩，争辩会让主播越来越被动。无论与任何粉丝交流沟通，只要记住"永远不要想着占上风"这一点，就可以获得对方最起码的认可。

9.2.3 言语攻击，恶语伤人

很多主播与粉丝交流时会以强者自居，对粉丝进行言语攻击，然后采用质问、审讯、威胁、逼迫等攻击性口气，似乎是在逼迫粉丝购买，这是不懂礼貌的表现，是不尊重人的反映，不但会引起粉丝的反感，还可能会伤害粉丝的自尊心。

主播在带货过程中，受到粉丝的刁难，是不可避免的。然而，有些主播在面对粉丝的恶意时，往往以眼还眼、以牙还牙，恨不得把心中的愤怒全部宣泄出来，把粉丝驳倒。这是非常不可取的，要知道与粉丝对着干只能让你们的谈话变成拉锯战，你来我往，缠斗不休。

有很多主播就是这样的，只要粉丝有一点异议，就表现得极不耐烦，不是批评这位粉丝的头发太长，就是埋怨那位粉丝古板。在这些主播心目中，绝大部分粉丝都不是潜在客户。殊不知，这样只会适得其反，正是这样的心态才毁了自己，粉丝被驳倒了，订单也丢了。

那么，应该如何最大限度地避免对粉丝形成言语攻击呢？要注意如图9-7所示的3点。

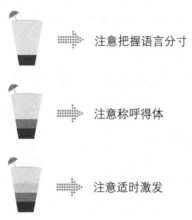

注意把握语言分寸

注意称呼得体

注意适时激发

图9-7　避免对粉丝进行言语攻击的3个注意事项

（1）注意把握语言分寸

主播在介绍商品的功能、价值、质量等时，用语要掌握分寸，避免过度夸大。任何话说过了头，都会起到相反的作用，营销员只有掌握语言的分寸，才能使表达逼近真实，从而使粉丝对自己产生信任。语言过于直白，缺乏感染力；过于夸张，容易产生逆反心理，主播要在直白与夸张之间掌握一个度，这就是语言的分寸艺术。

（2）注意称呼得体

在直播过程中，主播需要与粉丝不断地打招呼，以引起粉丝重视，那么在称呼上就要讲究一点。目前，主播对粉丝的称呼多为家人、宝宝等，但也不完全是这些，称呼本是因人而异的，称呼什么不重要，关键是符合自身人设，一个卖翡翠的主播，称自己的粉丝为"翠友"；包括以前大家熟悉的"米粉""魅友"等都是同样的道理。给自己的粉丝起一个特别的称呼，可以强化粉丝凝聚力。

在确定了粉丝的称呼以后，在直播过程中还要不断地提及，且应前后保持一致，切忌随意更换。

（3）注意适时激发

粉丝购买商品是为了满足某种需要，主播在营销商品时，如果能使用适当的语言激发粉丝的需要，则容易使粉丝产生购买欲望。人的需要简单分为生理需要、安全需要、社交需要、尊重需要和自我实现需要。对于不同的需要，应使用不同的语言去激发。

人对自己的声望、地位、尊严，以及所取得成就都十分重视，因此主播在推销商品时，要尊重粉丝的这些方面，以满足他们的心理需要。比如，说一些羡慕其成就的话，可以大大满足粉丝的自尊心需求。在具体介绍商品时，不妨重点凸显出能帮助其提高生活品位的优势，这样能增强粉丝对商品的认可，使其认为购买是值得的。

9.2.4 直接拒绝粉丝

面对粉丝提出的要求，又无法满足时，很多主播的做法是直接拒绝，这是非常不正确的做法。能满足要尽量满足，但无法满足时也不要直接拒绝，可以灵活一点处理。处理的技巧如图9-8所示。

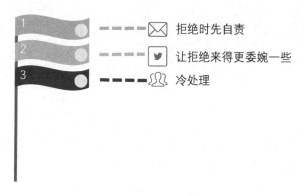

图9-8　拒绝粉丝的3个技巧

（1）拒绝时先自责

主播难免会碰到粉丝要求跳个舞什么的，粉丝打赏了，这个要求也不过分，可是难免有时候状态不好不想应对。这个时候不要直接说"我不想跳"之类的，可以换一种说法，比如，"我最近在学一支新舞蹈，想展示给大家看，可是还没有学好，现在跳效果不好，我想再等等，不好意思，很抱歉"。这样大多数人只能说"期待你的新舞蹈，我们下次看"。

（2）让拒绝来得更委婉一些

即使真的无能为力，也永远不要直接说"不"，可以换一种说法委婉拒绝。比如，用"是的，我们可以……""这样做的代价是……""你应该做的是……"等话来代替。这些话既间接地指出了对方的错误，又能够引起对方的反思。

（3）冷处理

面对粉丝的无理要求，最好的办法是冷处理，什么也别说，微笑对之。有时，闭口不言以示微笑也表示一种拒绝，而且无法让对方知难而退。随之，就是尽快转换话题，将粉丝对异议的不满转移开。